離島に吹く あたらしい風

平岡昭利 編

石垣島浦底湾（大田海岸）（石垣市役所提供）

海青社

集落と段々畑の景観が美しい「青海(おうみ)の里」── 対馬市峰町青海

太古地質時代の水流の化石「網代(あじろ)の漣痕(れんこん)・洗濯岩」── 対馬市上対馬町網代

信徒が切り出した石を積み上げて建てられた頭ヶ島教会
— 新上五島町友住郷頭ケ島

カクレキリシタンの殉難の地（キリシタン洞窟）— 新上五島町土井ノ浦

旧五輪教会でのガイドを受ける訪問者 — 五島市蕨町（久賀島）

南上空から見た粟島(右に内浦集落、左に釜谷集落)(粟島浦村役場提供)

釜谷集落の生活道路

内浦集落の生活道路

勝本港と浦集落 ― 壱岐市勝本（壱岐市役所提供）

青島集落と漁港 ― 松浦市青島

青島港での釣り体験 ― 松浦市青島

根島・串山の磯遊び ― 壱岐市勝本（壱岐市役所提供）

星砂海岸 ― 西表島住吉集落（廣瀬　孝提供）

浦内川でのカヌー体験 ― 西表島浦内集落（廣瀬　孝提供）

蓋井島(ふたおいじま)の港と集落 ― 下関市蓋井島

エミュー牧場の成鳥 ― 下関市蓋井島

吉原集落のメインストリート ― 石垣島北岸

モダンな住宅が建ち並ぶ山原(やまばれ)集落 ― 石垣島北岸

はじめに

　今日、離島地域は高齢化率も高く、その比率が50％を超える老人の島も珍しくない。すでに超高齢化社会が出現している。しかも、流出可能な人口は出尽くしている島々も多く、このため島社会を取り巻く生活環境は、一層、厳しさを増し、まさに負の風が吹き荒れている。
　このような逆風のなか、数は少ないが、人口減少の見られない島やIターンなどの移住によって人口が増加に転じた島もある。また、新たなツーリズムによって活性化を図る島や、全く異業種の分野へチャレンジを試みる島など、新しい風が吹いている島々もある。
　本書では、このような離島に吹く新しい風にスポットを当てる。まず、その1つは、ツーリズムの変化に関するものである。従来、余り注目されることの少なかった離島の自然や歴史、文化、生活などを逆手にとって、それをむしろ都市生活にない島の魅力であるとして、観光客を呼び込もうとする試みの風である。
　離島が大都市から遠く離れていることは、逆に国境に近い周辺の島々ということでもあり、この外国に近い地理的有利性から、助重は「Ⅰ.インバウンド観光に揺れる「国境の島」—対馬」で、韓国人観光客の急増やその問題点を明らかにし、続いて松井は「Ⅱ.キリシタン・ツーリズムが展開する島々—五島列島」で、離島の中に脈々と引き継がれてきた静寂な宗教空間、それに関わる教会などの遺産を核とした宗教文化の観光資源化について論じている。
　また、「Ⅲ.グリーン・ツーリズムの導入を模索する島—粟島」の山田や、「Ⅳ.ブルー・ツーリズムの定着を図る島々—壱岐島・青島」の中村は、島という生活空間をなるべく改変することなく、できれば、ありのままの姿で観光に結びつけようとする滞在、体験型の試みに注目してい

る。山田は粟島を例として、グリーン・ツーリズムの導入過程や課題を明らかにし、中村も壱岐島・青島でのブルー・ツーリズムの導入から展開への地元の対応などについて論じている。さらに宮内は「Ⅴ. エコツーリズムの展開と住民評価―西表島（いりおもてじま）」で、西表島のエコツーリズムの導入や受容を検討し、さらに地元住民が、どのように評価しているかなどを明らかにしている。

新しい風の2つ目は、離島の従来の就業とは、まったく違う異業種へのチャレンジの風である。平岡が「Ⅵ. エミュー牧場を経営する漁業の島―蓋井島（ふたおいじま）」で、漁民がどうしてオーストラリアの草原に生息するエミューを導入したのかなどの経緯について論じている。

3つ目の風は、多くの離島が人口減少や高齢化に悩むなか、人口増加の風が吹く島が存在することである。石川は「Ⅶ. Ｉターン者が急増する南国の島―石垣島（いしがきじま）」でＩターン者の急増とその実態を検討し、これらの人々が形成した移住集落の分析を行っている。

以上、本書に収録の7つの論考を紹介したが、これらの島々に吹く新しい風が、少しでも離島振興の一助となり、さらに離島に吹く新しい追い風にならん事を望むものである。

なお、本書の多くは2007年10月に熊本大学で開催された日本地理学会秋季学術大会の公開シンポジウム「離島に吹く新しい風を捉える」（離島地域研究グループ主催）の報告を、一般向けの書物に修正したものである。

刊行は、これまでの離島の書物に続き、今回も海青社にお世話になった。社長の宮内久氏と編集部の福井将人氏に心よりお礼申しあげたい。

2009年8月20日

平　岡　昭　利

離島に吹くあたらしい風

| 目　次 |

はじめに 1

Ⅰ．インバウンド観光に揺れる「国境の島」—対馬(長崎県)— 助重雄久 7
1．外国にもっとも近い「国境の島」 7
2．困窮する島の経済 8
3．広がる日韓交流と韓国人旅行者の増加 9
4．韓国人旅行者の受け入れに向けた取り組み 14
5．宿泊施設の受け入れ状況 — 広がる「温度差」 16
6．求められる慣習・文化の相互理解 19
7．「国境の島」におけるインバウンド観光の可能性と課題 21

Ⅱ．キリシタン・ツーリズムが展開する島々—五島列島(長崎県)—
松井圭介 23
1．明日の世界遺産に出会う島 23
2．教会堂の魅力 26
3．観光ツアーの動き 28
4．上五島の魅力発見「ウォーク＆クルーズ」 32
5．教会めぐりをする人々 35
6．おわりに：世界遺産登録への期待と不安 37

Ⅲ．グリーン・ツーリズムの導入を模索する島—粟島(新潟県)—
山田浩久 41
1．はじめに 41
2．粟島の概観 42
3．産業構造の変化 45
4．グリーン・ツーリズムの導入 48
5．今後の方向性と課題 53
6．おわりに 55

Ⅳ．ブルー・ツーリズムの定着を図る島々—壱岐島・青島(長崎県)—
中村周作 57
1．はじめに 57

2．壱岐市勝本地区の事例 59
　　3．松浦市青島の事例 63
　　4．おわりに 69

Ⅴ．エコツーリズムの展開と住民評価 —西表島(沖縄県)—　　宮内久光 71
　　1．エコツーリズムとは 71
　　2．西表島におけるエコツーリズムの導入と進展 72
　　3．西表島における自然体験型観光事業者の活動状況 77
　　4．エコツーリズムに対する住民評価 80
　　5．おわりに 84

Ⅵ．エミュー牧場を経営する漁業の島 —蓋井島(山口県)—　　平岡昭利 87
　　1．はじめに 87
　　2．蓋井島と漁業 87
　　3．新しい何かを求めて —エミュー導入の背景と経緯 91
　　4．エミューとオイル 94
　　5．おわりに 97

Ⅶ．Ｉターン者が急増する南国の島 —石垣島(沖縄県)—　　石川雄一 98
　　1．はじめに —石垣空港に漂う新しい風— 98
　　2．Ｉターンの動向と離島 99
　　3．石垣島の多様なＩターン生活 102
　　4．おわりに —地域社会を再生する力となるＩターン者— ... 110

※撮影者や提供先の記載のない写真は、すべて各執筆者が撮影したものである。

I．インバウンド観光に揺れる「国境の島」

対馬（長崎県）

1．外国にもっとも近い「国境の島」

　日本の本土から離れている島々は、生活面でも経済面でもさまざまなハンデを背負ってきた。こうした島々のうちいくつかは、距離的にみても外国の方が日本の本土より近い位置にあり、古くからアジア大陸と日本とを結ぶ接点としての役割を果たしてきた。なかでも、本章でとりあげる対馬は外国にもっとも近い「国境の島」である。

　対馬は九州本土と朝鮮半島の間にある。行政上は長崎県であるが、九州本土と対馬とを結ぶフェリーやジェットフォイルは福岡市の博多港からしか出ておらず、経済面では福岡市に大きく依存している。福岡市から対馬南端までの距離はおよそ140kmであるのに対し、対馬北端

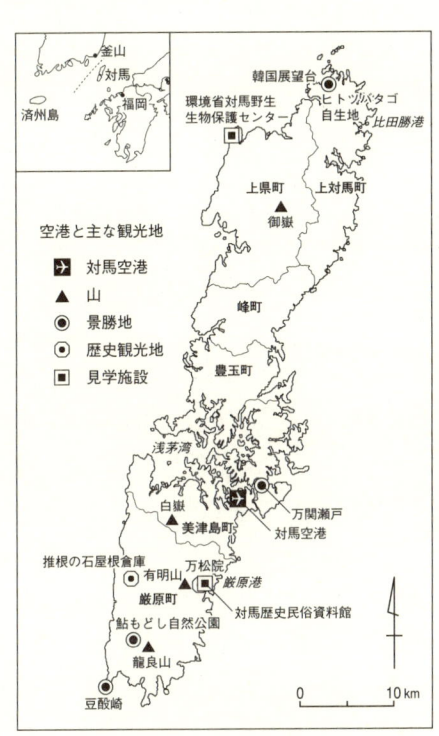

図1-1　対馬の概略図

から韓国・釜山市まではわずか49kmで、よく晴れた日には釜山の街並みを見渡すことができる。

対馬は対馬島と107の小さな島からなる(図1-1)。対馬島は東西18km、南北82kmの細長い島で、万関瀬戸付近の東西幅は約500mしかない[1]。万関瀬戸より北は上島、南は下島と呼ばれている。島の9割近くは山林で、山地が海岸まで迫っている。集落や耕地の多くは湾の奥にあるわずかな平坦地にある。集落を結ぶ道路は山間部と複雑な海岸線を縫うように走っている。上島の中心地・比田勝と下島の中心地・厳原とを結ぶ対馬縦貫道路(現・国道382号)が全通したのは1968年で、それまで両地区の往来は海路に頼っていた。

対馬には厳原町、美津島町、豊玉町、峰町、上県町、上対馬町の6町があったが、2004年3月1日にすべてが合併して対馬市となった。市役所の本所は旧厳原町に置かれ、他の旧町役場は支所となった。人口は1960年には約7万人であったが、2005年には約3万8,000人とほぼ半減した。

2．困窮する島の経済

海に囲まれた対馬では、漁業が島の経済を支えてきた。なかでもイカ釣り漁は有名で、出漁範囲は近海だけでなく日本海中部にも及んでいる。しかし、漁業は磯焼けなどによる水揚げの減少や、経済水域をめぐる国際問題の深刻化で苦境に立たされている。

旧厳原町西部には鉛や亜鉛の鉱脈があり、1960年代には島内最大の事業所であった東邦亜鉛(株)対州鉱業所で年間2万トン以上の亜鉛鉱を産出していた。しかし、鉱業所が閉山した1973年以降は鉱工業の不振が続き、1976〜1991年に誘致した11の製造業事業所は、2004年までにすべて閉鎖された。

一方、建設業は離島振興法関連の公共土木事業が盛んに実施されたこ

とから、2001年には島内総生産額(約1,200億円)の2割近くを占める最大の産業となった。しかし、建設業も行財政改革による公共事業抑制の影響で衰退傾向に転じた。また国内旅行者も公共事業抑制に伴う作業員やビジネス客の減少、観光客の伸び悩みによって2002年以降は減少してきた。

　既存産業の不振は対馬市の財政を著しく悪化させた。2003年度における対馬市の財政力指数は0.18と全国の市では歌志内市の0.10に次いで低く、2007年に財政再建団体となった夕張市の0.21をも下回った。こうした状況のなかで、対馬では1980年代から活発になった韓国との交流を、インバウンド観光に進展させることで経済の活性化を図ろうとする動きが生じ[2]、韓国人旅行者が急増するに至った。

3．広がる日韓交流と韓国人旅行者の増加

(1) 交流の歴史と近年における民間交流の活発化

　対馬は江戸時代には朝鮮通信使の経路になるなど、古くから日韓交流の表舞台に立ってきた。対馬藩は釜山に倭館(わかん)を置き、幕府の朝鮮外交の窓口として重要な役割を果たすとともに、朝鮮との貿易を生業として莫大な富を得た時期もあった。また、朝鮮半島が日本の統治下に置かれていた時期には対馬島内の道路が未整備だったこともあって、上島北部に住む人々が釜山に渡って買い物をすることも多かった。

　第二次世界大戦後は韓国・北朝鮮間の紛争や領土・領海問題、密航などをめぐって日韓間の緊張状態が続いた。このため、国際交流の機運はなかなか高まらなかったが、1984年に「厳原港まつり」(現在の「対馬アリラン祭」)の李朝通信使行列に、釜山広域市から舞踊団が参加したのを機に民間レベルでの交流が活発化してきた。

　1986年には対馬島と釜山広域市影島区との間で姉妹島の縁組みがなされ、「日韓交流行政セミナー」が影島区と対馬で交互に開催されるように

なった。また、日韓ミュージシャンによる「対馬ちんぐ音楽祭」(1996年〜、旧美津島町)、韓国の「慶州さくらマラソン」と国際親善マラソン大会交流協定を締結した「国境マラソンIN対馬」(1997年〜、旧上対馬町)などが毎年開催され、両国から多くの人々が参加している。

中・高校生、大学生による交流も活発化した。対馬にある3つの県立高校(対馬、上対馬、豊玉)では、1989年から韓国への修学旅行を実施した。また、1993年からは豊玉高校で第2外国語として韓国語の課外授業が行われるようになった。2003年には対馬高校(旧厳原町)の普通科に国際文化交流コースが設けられ、第1期生20人が入学し、うち5名は卒業後韓国の大学に進学した。2003年11月には長崎県が政府に申請していた「しま交流人口拡大特区」が認定され、団体観光客と修学旅行生を対象とした短期滞在ビザ申請手続きの簡素化と、対馬高校国際文化交流コースにおける韓国学の修得単位数の学習指導要領を超えた引き上げが実施された。

2004年からは、釜山外国語大学校の新入生オリエンテーションが対馬で実施されるようになり、初年度は学生・教職員など約1,600人が来島した。この他にも韓国の中・高校生、大学生の短期ホームステイ受け入れや、釜山外国語大学校の学生と対馬住民による海岸漂着ゴミの清掃、両国の中・高校生によるスポーツ・文化交流などが行われてきた。

(2) 国際航路の開設と韓国人旅行者の増加

対馬では、日韓交流の活発化とともに定期国際航路の開設を求める声が高まった。1989年には旧上対馬町が中心となって第三セクターの対馬国際ライン(株)を設立し、小型旅客船「あをしお」(旅客定員12名)が比田勝―釜山間に不定期で就航した。しかし「あをしお」は輸送力が小さく、修学旅行や大規模な交流団はチャーター船か福岡経由で往来するしかなかった。

その後1993年には韓国のフェリー会社が馬山―厳原間に初の定期国際航路を開設したが、採算がとれず4カ月で休止された。また、1991年

からはJR九州高速船(株)が博多—釜山で運航しているジェットフォイル「ビートル」が、団体乗降客がいる場合は厳原港に臨時寄港するようになった。

厳原—馬山の定期航路休止後は韓国の経済危機もあって定期航路開設の動き

写真1-1　厳原に入港した「シーフラワーⅡ」

が途絶えていたが、1999年7月から高速船「シーフラワー」(426トン、旅客定員240名)を厳原—釜山に不定期で就航させた大亜高速海運(株)が、2000年4月から同船での定期運航を開始した(2001年4月以降は厳原・比田勝両港に就航)。

厳原—釜山航路の利用者は2000年には1万7,438人であったが、2003年には3万1,540人となり、多客期にはしばしば満席になった(利用者数は入国者と出国者の合計)。とくに8月はすべての便が満席となったものの荒天による欠航も相次ぎ、多客期における輸送力や就航率の向上が大きな課題となってきた。このため、大亜高速海運(株)は2004年8月から従来の「シーフラワー」に代えて、「シーフラワーⅡ」(550トン、旅客定員376名)を対馬—釜山航路に投入した(写真1-1)。「シーフラワーⅡ」は「シーフラワー」に比べて旅客定員が多く荒天時の就航率も高いため、旺盛な渡航需要への対応が可能となった。厳原—釜山航路の利用者は「愛・地球博」(2005年)の開催を機に実施された韓国人短期滞在ビザ免除措置の延長もあって、2005年5万8,062人、2006年には8万6,852人と飛躍的に増加した。

対馬における外国人入国者数は、全国の港・空港の中でも上位を占めるようになった。表1-1は2007年の正規外国人入国者数が上位30位までの港・空港を示している。これをみると、厳原港は15位(2006年は17

表1-1 港・空港別正規入国外国人数(2006〜2007年)

港/空港	2006年	順位	2007年	順位	2006年を100とした2007年の指数
総数	8,107,963		9,152,186		112.9
成田空港	4,015,727	1	4,375,849	1	109.0
関西空港	1,471,413	2	1,647,188	2	111.9
中部空港	515,603	3	596,392	3	115.7
羽田空港	344,767	5	441,477	4	128.1
福岡空港	386,514	4	432,750	5	112.0
新千歳空港	266,651	6	300,549	6	112.7
★博多港	239,376	7	287,220	7	120.0
★関門(下関)港	86,978	8	105,859	8	121.7
★大阪港	58,960	11	97,569	9	165.5
那覇空港	64,499	9	83,542	10	129.5
仙台空港	59,296	10	80,504	11	135.8
厳原・比田勝港計	42,708	—	66,078	—	154.7
函館空港	57,832	12	59,301	12	102.5
広島空港	43,241	13	47,994	13	111.0
新潟空港	42,526	14	41,324	14	97.2
★厳原港	27,466	17	40,681	15	148.1
旭川空港	39,188	15	38,963	16	99.4
富山空港	29,652	16	35,874	17	121.0
福島空港	25,950	18	30,046	18	115.8
宮崎空港	23,955	20	27,018	19	112.8
鹿児島空港	17,959	25	25,660	20	142.9
★比田勝港	15,242	28	25,397	21	166.6
青森空港	19,478	21	24,554	22	126.1
★長崎港	25,736	19	24,488	23	95.2
★石垣港	139	73	23,850	24	17158.3
岡山空港	18,947	22	23,507	25	124.1
★那覇港	10,289	32	22,768	26	221.3
帯広空港	17,188	26	19,485	27	113.4
小松空港	17,984	24	18,634	28	103.6
長崎空港	18,471	23	17,687	29	95.8
釧路空港	15,856	27	15,377	30	97.0
その他の港・空港	131,080	—	140,679	—	

注：「港/空港」欄の★は港湾、無印は空港
資料：法務省入国管理局による

位)、比田勝港は21位(2006年は28位)であったが、厳原・比田勝両港の合計では11位の仙台空港に次ぐ地位を占めた。港では博多港、関門(下関)港、大阪港に次ぐ地位にあり、長崎港をも上回ったことがわかる。また、2006～2007年における外国人入国者の増減を示した指数も、台湾からの入国者が急増した石垣港・那覇港、大阪港に次ぐ高い値(厳原港148.1、比田勝港166.6、厳原・比田勝計で154.7)を示している。

(3) 韓国人旅行者の旅行目的

韓国人旅行者の主な旅行目的は歴史観光、登山、釣りなどで、全般的に美しい自然に魅力を感じて来島する人が多い。近年ではバードウオッチングやシーカヤック、スキューバダイビングなども人気がある。

歴史観光は対馬藩主宗家の菩提寺である万松院(厳原町)や朝鮮通信使ゆかりの地、対馬島の北端にある韓国展望所(**写真1-2**)等を貸切バスで巡る場合が多い。大半は韓国の旅行会社が募集した1～2泊の団体ツアーである。

登山は韓国人が好むスポーツの1つである。対馬には九州百名山の1つで山頂付近に巨岩が屹立している白嶽(標高519m、旧美津島町)(**写真1-3**)をはじめ、有明山(標高558m、旧厳原町)、龍良山(標高558m、旧厳原町)、御嶽(標高490

写真1-2 韓国展望台

写真1-3 巨岩が屹立する白嶽

写真1-4　烏帽子岳展望台からみた浅茅湾

m、旧上県町)などの自然豊かな山々があり、これらを巡るトレッキングが好まれる。

釣りは島内全域で可能であるが、もっとも人気が高いのは浅茅湾である(写真1-4)。リアス式海岸が発達した浅茅湾には多くの入り江があり、外海が時化ていても釣りができる。大船越瀬戸や万関瀬戸など地峡部に作られた水路を利用して東海岸にも抜けられるため、風向によって釣り場を変えることもできる。

韓国人旅行者の多くは韓国南部の釜山近郊や慶尚北道から訪れるが、最近ではKTX(韓国高速鉄道、Korea Train Express)を利用してソウル近郊から訪れる客も増えている。釜山からの「シーフラワー」の運賃(韓国人運賃)は6万5,000ウォンで、釜山―済州島間の格安航空券(最安で8万0,000ウォン前後)より安いことが観光客や釣り客が来島する要因となっている。

4．韓国人旅行者の受け入れに向けた取り組み

(1) 行政による取り組み

旧上県・美津島・厳原の3町では、さまざまな日韓交流サポート役として韓国人の国際交流員を招いた。交流員は文書の翻訳、韓国人来賓

の通訳、住民や高校生を対象とした韓国語講座の講師、民間団体の交流イベントへの参加、後述する案内板の作成や対馬観光物産協会のパンフレット作成など、多岐にわたって活躍してきた。対馬市合併後も市役所本所と上県支所に交流員が1名ずつ駐在している。

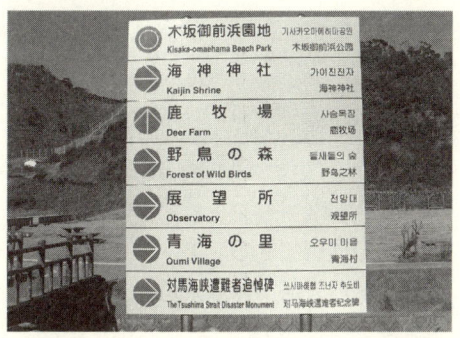

写真1-5　4カ国語で表記された案内標識

　対馬市では外国語表記がある案内板の設置やデザインの統一にも力を入れてきた。集落や観光地への途上に設置する案内標識は方向を示す矢印のデザインを統一し、現在地は○印で示してある(**写真1-5**)。これらは日本語・韓国語だけでなく、英語・中国語でも表記されている。また、観光地に設置されている案内板も4カ国語で表記されている。由来や自然環境などを紹介する文章は日本語文と同じ内容を各国語に訳してある。

(2) 観光物産協会による取り組み

　対馬観光物産協会(以下「観光物産協会」と称す)は、国際定期航路の開設に合わせて受け入れ体制の整備に着手した。2002年3月には旧厳原町国際交流員の協力を得て、島内の宿泊施設や飲食店向けに「韓国人観光客もてなし手帳」を作成した。この手帳には韓国の社会・文化・生活習慣の解説、ハングルの表記法、接客のための韓国語基本会話などが掲載されている。

　また、韓国語版観光パンフレットの作成にも力を入れてきた。これらのパンフレットは日本語版と同じ仕様で同量の情報量を提供している。たとえば、エコツアーパンフレット「国境の島をゆく」の韓国語版は表紙から裏表紙に至るまで案内の文章、写真、地図や地図記号がすべて日

本語版と統一されており、日本人向けの情報とまったく同じ情報が韓国人にも伝わるよう配慮されている。

観光物産協会では「日本語通訳案内システム」も導入した。このシステムは民間の通訳センターに電話すると、オペレーターが韓国人と日本人の会話の間に入って通訳してくれるもので、通話料金と1回300円の通訳料で利用できる。日本語を話せない韓国人旅行者がこのシステムに加盟している宿泊施設、飲食店、レンタカー会社、土産店、観光物産協会などを訪れた場合は、加盟店が通訳センターに電話し通訳を依頼する。また、韓国人旅行者が加盟店以外の場所から宿泊予約や問い合わせをする場合は、直接通訳センターに連絡しオペレーターが加盟店に電話して三者通話を行う。このシステムは国際電話でも利用できるため、韓国国内からの宿泊予約や問い合わせにも利用されている。

5．宿泊施設の受け入れ状況—広がる「温度差」

（1）宿泊施設における受け入れ状況

2009年3月現在、対馬観光物産協会のホームページに掲載されている加盟宿泊施設は73軒(旧厳原町30、旧美津島町13、旧豊玉町9、旧峰町5、旧上県町4、旧上対馬町12)ある。これらの宿泊施設は韓国人旅行者の受け入れについてどのように考えているのだろうか。ここでは、2004～2005年に筆者が島内の宿泊施設38軒で実施した聞き取り調査の結果から韓国人受け入れの実態をみてみよう。

韓国人の宿泊を一度でも受け入れた経験がある宿泊施設は38軒中30軒で、このうち22軒は受け入れを続けていた。一方8軒は調査時点で韓国人旅行者の受け入れを中止していた。

韓国人旅行者を積極的に受け入れている宿泊施設の多くはホテル、ビジネスホテルや比較的収容力が大きい旅館・民宿である。ホテルのうち1軒は国際定期航路を運航する大亜高速海運(株)が経営している「つしま

大亜ホテル」である。このホテルは対馬地域企業誘致推進協議会が2002年に誘致した。宿泊客の約9割は韓国人で、「シーフラワーⅡ」の就航後は夏休みや週末になると満室状態が続いている。

　日本人経営の宿泊施設では、厳原の中心部にある島内最大のホテルがもっとも積極的に韓国人旅行者を受け入れている。このホテルを経営する地元企業は貸切バス事業の営業免許も取得し、観光バス10台で韓国人団体客の送迎やバスツアーを行っている。筆者が調査した時点では、年間宿泊客の3分の2、週末は9割以上を韓国人旅行者が占めていた。

　厳原中心部にある旅館も韓国人の来島を千載一遇のビジネスチャンスと考え、韓国人旅行者を積極的に受け入れている。しかし、この旅館には韓国語を話せる従業員がいないため、特定の旅行会社と契約して日本語が話せる添乗員が同行するツアーのみを受け入れている。

　一方、受け入れに消極的な宿泊施設は小規模な旅館・民宿が多い。小規模な旅館・民宿は公共工事に従事する長期宿泊者や、出張で対馬を定期的に訪れる常連客が利用するため、これらの客への配慮から韓国人旅行者を受け入れないケースが目立った。

　直前のキャンセルや無断不泊を契機に韓国人団体客の受け入れをやめた事例もあった。旧上対馬町のホテルでは韓国の旅行会社から団体予約があり全館を貸し切りにしたが、直前にすべてキャンセルされ大きな損害を被った。これ以降、韓国人の受け入れはファミリーや小グループに限っている。また、島内最大の宿泊施設である国民宿舎「上対馬荘」でも、繁忙期に予約していた韓国人団体客がひとりも現れなかったことがあるという。

（2）韓国人旅行者の受け入れにみられる地域差

　韓国人旅行者の受け入れ状況は地域によっても大きく異なっている。積極的に受け入れている宿泊施設は下島の厳原港・浅茅湾周辺に集中している。なかでも厳原港周辺では韓国人旅行者を多数受け入れることで、宿泊施設だけでなく周辺の飲食店なども潤っている。宿泊施設周辺

写真 1-6　韓国人向けメニューがある飲食店

にはハングル語の看板を掲げ、韓国人向けのメニューを用意している飲食店もみられる（**写真 1-6**）。

また、旧美津島町南部の浅茅湾周辺にある民宿では韓国人の釣り客を積極的に受け入れるところもある。韓国ではぜいたく品に高い関税をかける制度があるため、日本製のカーボン製釣り竿は 1 本 10 万円以上もする。こうした道具を買える釣り客は一般の観光客に比べて高額所得者が多く、日本人と同じ料金でも泊まってくれるのだという。

写真 1-7　旧美津島町にある 100 円ショップ

また美津島町南部では、国道沿いに立ち並ぶ大型スーパーや 100 円ショップ（**写真 1-7**）に韓国人を乗せた観光バスが停車する光景がみられる。こうした商業施設は韓国人旅行者がもっとも多くのお金を使う場所になっている。

一方、北の玄関口である旧上対馬町は島内でもっとも韓国に近い位置にあり、北端には韓国人旅行者の大部分が訪れる韓国展望台がある。また小型旅客船「あをしお」を建造して韓国への航路を開くなど、早くから日韓交流を活発に行ってきた。にもかかわらず、旧上対馬町には受け入れに難色を示す宿泊施設が目立つ。

「シーフラワー」が厳原港に定期就航した 2000 年には、旧上対馬町の宿泊施設にも多くの韓国人旅行者が宿泊した。厳原港から他の観光地を

経由して韓国展望台に向かった場合は日帰りで厳原に戻れないため、旧上対馬町内で1泊せざるを得なかったからである。しかし「シーフラワー」が比田勝港にも入港するようになった2001年以降は、片道が比田勝、片道が厳原利用という旅行パターンが定着し、比田勝の入港時間に合わせて厳原のホテルが大型バスで送迎するようになった。比田勝で入国した韓国人は港でバスに乗って観光しながら厳原に向かい、比田勝から出国する韓国人は韓国展望台等を見たらバスで港に直行する。このため、比田勝港周辺では宿泊どころか買い物や食事さえしなくなったのだという。

以上のように、下島の厳原港・浅茅湾周辺と旧上対馬町をはじめとする上島では韓国人旅行者がもたらす経済的恩恵に大きな差が生じている。こうした経済的恩恵の差は、宿泊施設における受け入れ可否の地域差に結びついているだけでなく、韓国人観光に対する地域ごとの「温度差」を生み出す要因にもなっている。

6．求められる慣習・文化の相互理解

(1) 受け入れを阻む社会的慣習の違い

韓国は日本からもっとも近い隣国であるが、社会的慣習には大きな違いがみられる。こうした社会的慣習の違いも宿泊施設が韓国人旅行者の受け入れに難色を示す一因になっている。

日本の旅館・民宿は1泊2食付き1人あたりの料金が基本なのに対し、韓国国内に多い民泊は素泊まりで1室あたりの料金が基本となっている。このため韓国人旅行者の多くは食品を自ら持ち込み、1人3,000円程度で素泊まりすることを望む。しかし、日本の旅館・民宿は室料よりも料理から大きな利益を得ているため、素泊まりは歓迎しない場合が多い。

また、料理を用意する旅館・民宿では直前のキャンセルや無断不泊が

発生すると準備した食材が無駄になり大きな損害を被る。このため日本では旅行者が直前に旅行を中止した場合、旅行業者は旅行業法に基づいて定めたキャンセル料を請求することができる。しかし、韓国には不泊の場合にキャンセル料を支払う法律や社会的慣習がなく、旅行者も直前のキャンセルや無断不泊が悪いことだとは感じていない。

　入浴習慣の違いも宿泊施設を困惑させている。韓国では夜は入浴せず朝風呂に入る慣習がある。このため、釣り客が泊まった部屋や寝具に魚や潮の臭いがついてしまう場合がある。また部屋に持ち込んだ食品の臭いも日本人にとっては「異臭」と感じることがあり、韓国人が宿泊した部屋は「異臭」が消えるまで他の宿泊客を泊められない場合もあるという。

（2）インバウンド観光における慣習・文化理解の必要性

　インバウンド観光では社会的慣習や文化の違いが思わぬ対立やトラブルを生むことがある。受け入れ側は「郷に入ったら郷に従え」とばかりに、相手国の慣習や文化を理解しようとせず、自国の慣習や文化を押しつけてしまいがちである。しかし、観光業は観光客をもてなすのが仕事なのだから、相手国の社会的慣習や文化をある程度は理解する必要がある。また、自国の社会的慣習に従って欲しい場合は、それらのことを説明し理解してもらう必要がある。実際、対馬で韓国人旅行者を積極的に受け入れている旅館・民宿の経営者も「料金や最低限のマナーなど、こちらが譲れない部分はきちんと説明して理解してもらう必要があるが、韓国の社会的慣習や食文化などを理解して可能な限り配慮してあげることも必要」と話している。

　社会的慣習や文化の違いは、対馬に限らずインバウンド観光を促進しようとするすべての観光地が直面する問題である。対馬でのインバウンド観光は、必要な取り組みやさまざまな問題を他の観光地に例示してくれる先行事例としても重要な意味をもっているといえよう。

写真 1-8　独特の景観を呈する石屋根倉庫

7．「国境の島」におけるインバウンド観光の可能性と課題

　日本には対馬以外にも八重山(やえやま)列島など国境に近い島々が存在する。こうした「国境の島」は古くから日本と隣国の文化が交ざり合う場になっているだけでなく、本土から遠いが故に独特の自然や文化がよく保持されている(**写真 1-8**)。こうした自然や文化は日本人にとっても隣国の人々にとっても大きな魅力がある。

　しかし、日本の本土から「国境の島」までは高い交通費がかかり、今日では同じ交通費をかけるのならば海外に行ってしまう旅行者が増えている。一方、近隣諸国の人々にとっては距離的にも時間的にも身近であるうえに、国内旅行よりも安い交通費で行ける場所として認識されている。こうした点を考えると「国境の島」では日本の本土から訪れる旅行者よりも、隣国からインバウンドで訪れる旅行者を積極的に受け入れる方が、島の経済発展に寄与する可能性は大きいと考えられる。

　「国境の島」は２つの国が接近している位置にあるがゆえに国家間の対立の場にもなる。対馬に関しては、島根県議会による「竹島の日」条例制定に反発した馬山市議会が、2005 年に「対馬島の日」条例を制定したり(韓国政府は撤回を要請)、わが国の中学社会科新学習指導要領解説書に、竹島の領有問題が記述されたことに反発した韓国人団体が対馬市役

所前で抗議を行ったりした。また、2008年12月には韓国資本が海上自衛隊施設の隣接地などを買収したことを受けて、超党派の国会議員団11人が対馬を視察し、外国資本による不動産買収の規制や国境・離島を管轄する省庁の設置を含んだ特別措置法の必要性を示唆した。

　こうした領土問題はあくまで国家間の問題である。それを「国境の島」をめぐる問題にすり替えれば、外国人旅行者に対する島民感情が悪化するのは避けられず、慣習や文化の違いまでもが悪意的に解釈されることになる。こうした事態を避けるためには、島民と隣国の人々とが国家間の問題を抜きにして相互理解を深め、外国人旅行者を国内旅行者と同じ感覚で迎え入れられるような環境を作っていくことが求められよう。

注：
1) 万関瀬戸は浅茅湾内の竹敷にあった海軍要港部と日本海とを短絡するために、旧大日本帝国海軍が1900年に人工的に開削した運河である。
2) インバウンド(inbound)は「入ってくる、内向きの」という意味の形容詞であるが、近年では観光学界や観光関連業界において「海外から自国への入国(あるいは入国者)」の意で広く使われるようになった。

（助重雄久）

II. キリシタン・ツーリズムが展開する島々
五島列島（長崎県）

1. 明日の世界遺産に出会う島

　五島列島は九州の最西端、長崎県西彼杵半島の沖合約50～100kmに浮かぶ島々である（図2-1）。福江島、久賀島、奈留島、若松島、中通島の5つの島を五島と称し、18の有人島と120余りの無人島からなる。五島列島は大きく、南西の福江島を中心とする下五島と北東の中通島を中心とする上五島に分けることができる。地形は全般に山がちで複雑であり、多くの溺れ谷が形成された沈降性の火山列島から成り立ち、リアス式海岸が発達している。

　五島列島では近世期より捕鯨が盛んであり、長年にわたり島の主要産業は水産業であった。近海は好漁場として知られ、サバやアジ、イカなどの沿岸漁業やマグロの養殖業が盛んであったが、近年では漁家の高齢化も進み、島の経済に占める水産業の地位は低下している。地味はやせ、地形は急峻で平地も少ないため農業を行うための土地条件にも恵まれておらず、また島内には他に目立った産業もないため、高校を卒業すると多くの若者は島外に流出してしまう。過疎化・少子高齢化に苦しむ地域でもある。

　九州本土の最西端という国土の縁辺部に位置する五島列島であるが、まさにその地理的な位置により、わが国の歴史上重要な意義を持つ島々でもあった。特に中国との交流では、わが国の最前線にあり、空海をはじめとする遣唐使は福江島から中国大陸へと困難な海路を進んだので

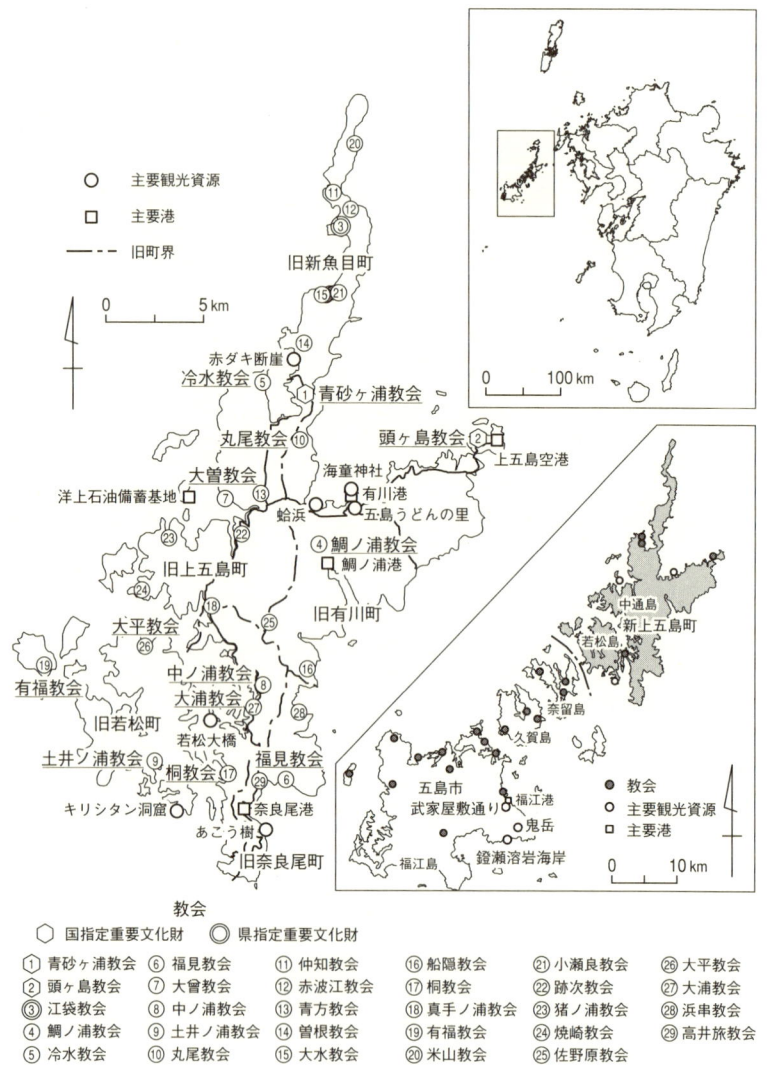

図2-1 研究対象地域

あった。五島列島はまた、近世期にはカクレキリシタンにとって有力な潜伏地であった。五島にキリシタンが伝わったのは、1566年に領主・宇久純定の病気治療のため、アルメイダとロレンソの2人の修道士が招か

れたことによる¹⁾。1570年代にはキリシタンの信仰が広まり、福江、奥浦、六方(むかた)(いずれも福江島)などに教会が設立され、当時すでに2,000人の信者がいたという。しかしその後は厳しく弾圧され、1620年代にかけて多くの殉教者を出し五島のキリシタンは衰微した。

　五島のキリシタンが再び歴史の舞台となるのは、大村藩領の外海(そとめ)地方からキリシタンが五島へ移住を開始した1797年以降のことである。大村藩のキリシタン弾圧の厳しさと、人口減に悩む五島藩からの移住申し入れにより、外海地方のキリシタンは競って五島列島内の各島に移住を開始した。合計で3,000人ものキリシタンが移住したといわれるが、耕地もない山間地や漁に不便な海浜に散住することを余儀なくされ、経済的な貧困や社会的差別も大きかった。外海地方の俗謡で「五島へ、五島へ、皆行きたがる。五島はやさしや土地までも」と謡われたが、現実にはキリシタンは厳しく監視された。ようやく信仰の自由を勝ち得た明治中期から大正期以降、島内には信者らの手によりカトリックの教会堂が建てられていった。現在、五島列島には50ものカトリック教会堂がみられるが²⁾、これらの教会堂のなかには、文化財としての価値を高く評価される教会もあり、2007年1月には「長崎の教会群とキリスト教関連遺産」として、五島を中心とする長崎地方の教会関連遺産が、わが国の世界文化遺産の暫定リスト入りを果たした。

　近年、公共事業が縮小された多くの離島では、観光による交流人口の増加で離島振興を目指す動きがよく知られている。五島列島も例外ではなく、今、カトリック教会堂やカクレキリシタンの殉教地など、島固有の宗教的文化資源を活かした観光への取り組みが精力的に進められている。なかでも人口規模が小さく、島内の産業基盤が脆弱な上五島(かみごとう)では、世界遺産運動の高まりと相まってキリシタンを活用したツーリズムへの期待も大きい。五島列島は人口約8万のうち15％がカトリック信者といわれるが、とりわけ上五島では信者率が高く、島民の約4分の1が信徒であり、この割合は全国の市町村のなかで最も高い割合である。五島列

島の歴史と風土に育まれたカトリックの教会群とそれに関連する文化遺産に対して、島の人々は今、オンリーワンの資源として強い期待を抱いている。

そこで本章では、五島列島において、カトリック教会群やカクレキリシタンなどの宗教文化がいかに観光資源化されているのか、また実際に五島の教会を訪れる観光者や巡礼者が、何を求めて来島し、そこで何を感じているのか、離島に吹く新しい風としてみていこう。

節タイトルに示した「明日の世界遺産に出会う島」とは、新上五島町[3]が2007年2月に策定した観光振興ビジョンのテーマコンセプトである[4]。このビジョンは、「長崎の教会群」の世界遺産暫定リスト入りを契機に、教会めぐりを柱とした観光振興策を打ち出し、巡礼ツアーの開発や教会クルージング、聖歌体験といった教会内体験プログラムの開発などの企画を盛り込んだ「明日の世界遺産に出会う神秘の島づくりプロジェクト」を含む内容となっている。上五島は下五島と比較して、人口規模や産業基盤、社会資本が脆弱であるが、キリシタンの遺跡が密であることから、観光資源としてのキリシタンに対する期待度がより高い地域である。そこで本章では、五島列島全体を視野に入れつつも、上五島に焦点を当てながらキリシタンが観光資源として浮揚していく状況を考えてみよう。

2. 教会堂の魅力

五島列島にある50の教会のうち、約3分の2に当たる29が上五島に分布する。これらの教会の多くは、沿岸部もしくは山奥の陸上交通の不便な集落に立地している。禁教期の弾圧を逃れ、これらの集落に移住し潜伏していたキリシタンが、明治期になってキリスト教が解禁されたのちに教会を設立し信仰の証として受け継いできたものである。

長崎県の教会堂は、わが国の近代建築史においても重要な意義をもつ

Ⅱ．キリシタン・ツーリズムが展開する島々―五島列島(長崎県)―　27

建築物も多く、なかでも現存する日本最古の教会堂である大浦天主堂(国宝)はよく知られているが、五島列島では、青砂ヶ浦教会(写真2-1)、頭ヶ島教会(写真2-2)(共に新上五島町)、旧五輪教会(写真2-3)、江上教会(共に五島市)の4教会堂が国指定重要文化財に登録されている。

わが国の教会建築物のなかで国指定の重要文化財になっているのは、黒島教会堂、田平教会堂(ともに長崎県)、函館ハリストス教会堂(北海道)、鶴岡カトリック教会天主堂(山形県)、ニコライ堂(東京都)などわずかに過ぎず、五島に現存する教会堂建築物の建築史的な意義がうかがえる。

五島をはじめ九州地方の教会堂建築に多大な貢献をした人物として鉄川与助がいる。鉄川は1879年(明治12)に上五島で大工の棟梁の家系に生まれ、1976年に

写真2-1　青砂ヶ浦教会

写真2-2　頭ヶ島教会

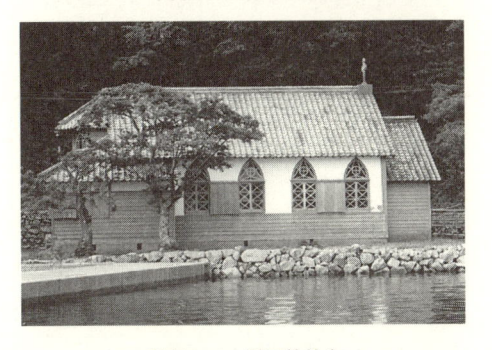

写真2-3　旧五輪教会

写真 2-4 旧五輪教会のリブ・ヴォールト式天井

97歳で没するまで、九州各地で教会建築や学校、寺院、事業所など多くの建築作品を手がけた。鉄川の手がけた教会堂の審美性はその厳粛な外観にとどまらず、コウモリが羽を広げた形からコウモリ天井と呼ばれるリブ・ヴォールト式天井（写真2-4）やステンドグラスを取り入れた厳かな内部空間にも表現されている。教会堂建築の内部は、そこで祈りを捧げる信仰者にとって聖なる空間となるだけでなく、信仰をもたない一般の観光客・訪問者のなかにも、敬虔な気持ちが呼び起こされる人が多くみられる。五島の教会堂の魅力は、建築上の美しさだけにあるのではない。むしろ島の歴史と風土に根ざした教会であるところに、人は魅せられるのである。

3．観光ツアーの動き

それでは実際に五島を訪れる観光客の動向を、上五島を中心にみてみよう。上五島への観光入込客数はおおむね年間約20万人である。上五島と九州本土を結ぶ交通手段は現在、航路が唯一の手段である。佐世保市と有川港、長崎市と鯛ノ浦港、奈良尾港を結ぶ定期航路のほか、博多港を出航して青方港を経由して福江島を結ぶ路線が運行されている。以前は福岡空港や長崎空港と結ぶ航空路線が開設されていたが、海霧が発生しやすいうえ、離着陸時に風の影響を受けやすい条件から就航率が低く、また高速船の就航により時間的優位性が減少した影響もあり、上五島―福岡便は2004年3月、同長崎便も2006年3月に休止され、上五島空港は現在休止中となっている。

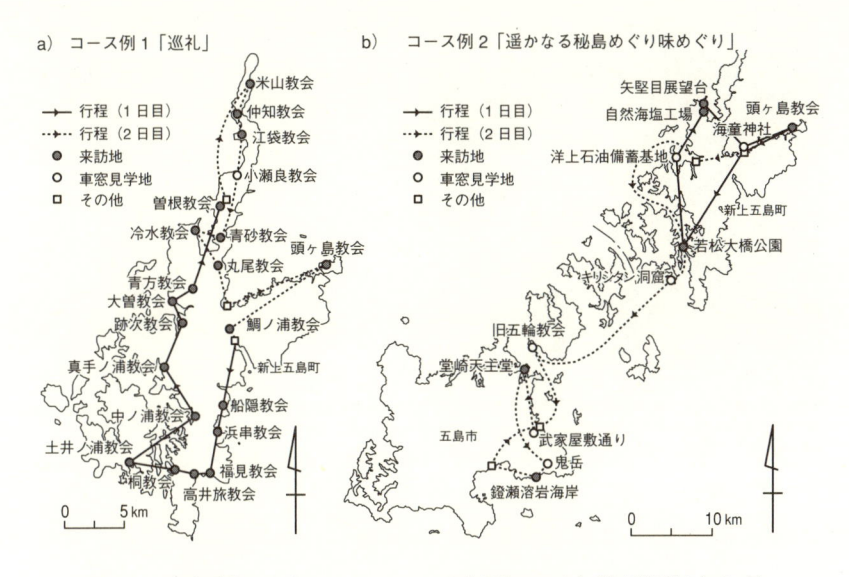

Ⅱ．キリシタン・ツーリズムが展開する島々―五島列島(長崎県)― 29

図2-2 五島列島におけるツアーコースの事例(2007年)(各社資料より作成)

　県内の主要離島(壱岐・対馬・上五島・下五島)のなかで、唯一航空路線をもたない上五島は観光入込客数でも他の離島と比較して低迷しており、今後いかに観光客にアピールできるかが課題とされている。例えば長崎県地域振興部観光課(現・長崎県観光振興推進本部)は、五島列島全体の観光客の特性として「リピーターの少なさ」を指摘している[5]。観光地としての評価では、「海や山などの自然風景の美しさ」や「郷土料理の美味しさ」がセールスポイントとして挙げられているものの、対馬や壱岐と比較しても「交通の利便性の低さ」が観光客から指摘されており、特に福岡県からの交通アクセスのよい対馬や壱岐と比較して、同じ長崎県内の離島のなかでも五島列島、特に上五島の場合には集客に苦戦している。
　五島列島を目的地とした東京発のパッケージツアーの状況についてみてみよう。図2-2aは、主としてカトリック信者を対象としたパッケージの巡礼ツアーのコースを示したものである。2008年3月の例を挙げれ

写真 2-5　キリシタン洞窟

ば、羽田発着3泊4日では13.8万円、4泊5日では14.9万円程度の費用で設定されている。巡礼ツアーで教会をめぐる場合、カトリック神父が随行し、島内の教会をバスで回りながら、教会堂でミサが営まれ参加者による祈りがささげられる。五島列島と長崎市内の教会と組み合わせた巡礼ツアーもみられる。一方、観光客を対象とする標準的なパッケージツアーの場合、同じく羽田発着の2泊3日の行程で費用は6〜10万円程度である。主要見学地をみると、佐世保から上五島に入り、有川港内にある捕鯨をテーマにした博物館（鯨賓館（げいひんかん））を見学した後、島内の教会や海塩工場などを見学して宿泊し、福江島に抜けるコースが一般的である。図2-2bは代表的なツアーの行程を示したものである。1日目に上五島内をバスで巡り、頭ヶ島教会をはじめ複数の教会を見学し、翌日もキリシタン洞窟（**写真 2-5**）や旧五輪教会（写真 2-3）といった、船を利用しないと立ち寄れないキリシタン関連施設を見学して、福江島に移動している。

　上五島を対象としたパッケージツアーでは、こうしたキリシタン関連の施設が重要な観光資源として用いられている。例えばあるツアーでは、「世界遺産暫定リストに掲載された2教会（頭ヶ島教会と青砂ヶ浦教会）を巡る」「船でしか見れない（原文ママ）キリシタンクルーズへご案内」といったツアーのセールスポイントが紹介されているほか、カトリック教会で観光客が信者から直接話を聞くといった内容が盛り込まれている。このように下五島も含めた五島列島の観光を考えるとき、国指定重

要文化財となった教会をはじめとするキリシタン関連の資源は数少ない重要な観光資源であり、こうした教会に椿油、五島うどんなどの名産品を組み合わせて、中高年の女性グループをターゲットとした「癒し系」の観光戦略が企図されている。先述した『新上五島町観光振興ビジョン』において、新上五島町では「明日の世界遺産に出会う島・上五島」をキャッチフレーズにした観光振興策を打ち出している。向こう3カ年の事業計画として、例えば「大司教認定のオフィシャルガイド付き巡礼ツアーの開発」、「海から見る教会クルージングツアー商品の開発」、「ブライダルツアー等の若者・カップル向け商品の開発」、「聖地体験など、教会内での体験プログラムの開発」、および「チャーチコンサートやクリスマスイルミネーションなど多様なイベント開催」といった観光商品の開発に取り組もうとしている。

写真2-6 頭ヶ島教会でのチャーチコンサートの様子
(2008年12月、新上五島町ホームページより引用)

　ここでは一例としてチャーチコンサートを挙げてみよう。上五島チャーチコンサートは12月中旬、上五島内の複数の教会において、長崎県内外の音楽家を招いてクラシックコンサートを開く催しである(**写真2-6**)。クリスマスに近いこの時期は、島内の教会はイルミネーションに彩られ、幻想的な雰囲気のなか、しばし聴衆は管弦楽の音色に耳を傾け、あるいは信徒とともに賛美歌を合唱する。2008年は12月9日から14日までの6日間、6つの教会で開催された[6]。コンサートには、島外からもツアーや個人で来島した観光客が数多く訪れる。参加費は無料で各教会とも立ち見客がでるほど盛況である。

　もちろん、このような試みは行政だけの取り組みではない。例えば、

ある民宿では、「歴史ある優雅な教会で叶える一日一組限定のプレミアムウェディング」として、青砂ヶ浦教会で結婚式を挙げて、民宿に宿泊して披露宴等のパーティを行う企画商品を打ち出している。費用は2人で50万円である。これには教会使用料から衣装、飾りつけ、写真、滞在中の宿泊費・飲食費、島内の移動交通費など一式含まれている。

4．上五島の魅力発見「ウォーク & クルーズ」

これまでみてきたように上五島では、島内にあるカトリック教会堂とキリシタンの関連遺産を利用したソフトツーリズムが取り組まれている。その取り組みのなかでも行政が主体となって2006年からはじめられたイベントとして、「上五島教会めぐりウォーク & クルーズ」(以下ウォーク & クルーズ)がある。「ウォーク & クルーズ」は、新上五島町が主催する島内観光イベントの1つであり、第1回は2006年10月28日(土)から29日(日)にかけて実施された。1日目は南部の奈良尾地区、若松地区を拠点に徒歩による教会めぐりと海上クルーズ、2日目は島北部の教会を徒歩でめぐり、最終ゴールは同日に行われる「くじらどん祭り」の会場とし、上五島の物産品の購入に便宜を図った。イベントのコンセプトとしては、島内にある29の教会とキリシタン洞窟、海中公園、海岸線など自然の景観をウォーキングと海上クルーズにより楽しむことである。日程や距離との兼ね合いで、8教会(桐、土井ノ浦、大浦、中ノ浦、冷水、青砂ヶ浦、丸尾、鯛ノ浦)を結ぶルートが設定された。ウォーキングの距離は1日目が18.9 km、2日目は24.5 kmに及ぶものであった。また初日の午前中に行われた海上クルーズでは、海中公園、若松大橋、大平教会、有福教会、キリシタン洞窟を洋上から見学した。当イベントでは、個々の参加者が離島の自然を堪能しつつ、カトリック殉教の歴史と島の文化に触れながら参加者同士やボランティアでかかわった地域住民との交流を図ることが意図された。両日とも天候に恵まれ、約

100 名の参加があった。

　新上五島町の協力を得て、「ウォーク＆クルーズ」参加者に対するアンケート調査を実施した（有効回答数 53 枚）。性別は男性が 23 名、女性が 30 名であった。年齢は壮年者（50～64 歳）が 37 名と多数を占め、次に高齢者（65 歳以上）が 10 名であった。居住地別では新上五島町居住者が 28 名と過半を占め、島外居住者は 21 名であった。島外者では五島市が 9 名で最多で、他長崎市や佐世保市、諫早市といった長崎県内市町村をはじめ、遠くは東京都、姫路市、福岡市などからの参加者もみられた。島外居住者のうち初めての来島者は 14 名であった。

　「ウォーク＆クルーズ」企画の情報入手方法を尋ねたところ、役場からの広報が 20 名と最多で島内出身者の多くはこれに該当した。続いて友人・知人からの口コミ（17 名）が多く、県外からの参加者にはインターネットや雑誌などのメディアにより情報を得た人もみられた。参加動機を複数回答で尋ねたところ、「教会めぐりに興味があった」34 名、「ウォーキングに興味があった」26 名、「海上クルーズに興味があった」25 名、「上五島の自然に触れたかった」16 名、「上五島へ行ってみたかった」13 名の順であった。島内居住者では「海上クルーズ」への関心が相対的に高かったものの、島外者を含めた全体では、「教会」や「自然」を含めた上五島の地域資源に関心があると同時に、これを機に上五島に行ってみたいという参加者もみられた。

　今回見学した教会群の印象について 4 点満点で評価してもらい、各項目別に平均点を算出し、さらに 100 点満点に換算した。最も高い数値であったのが「教会堂の内装が美しい」の 94.7 点であり、以下「観光資源として価値がある」93.5 点、「地域（教会）の歴史を感じる」92.1 点、「文化財として保護すべきだ」91.0 点の順であった。一方で「土産物店があるとよい」68.4 点、「スタンプや巡礼路・宿泊施設を整備してほしい」77.2 点、「標識やトイレなどを整備すべきだ」76.0 点などは相対的に低い評価であった。参加者の印象を総括すると、上五島の教会に対し、建築物と

しての審美的価値や教会が建てられた歴史性への関心がみられ、教会を観光資源として評価し、これを文化財として保護する価値を見出していることがうかがえる。他方、宿泊施設や土産物店、巡礼スタンプといった観光施設などの整備には関心が低く、むしろ観光化の進展には否定的な評価を持っていることがわかる。

「ウォーク＆クルーズ」参加後の感想を自由記述で記載してもらった。島外居住者の感想をみると、上五島の自然への評価が高いことがうかがえた。例えば、「青い海、空、そして緑の台地。そのどれをとっても一級品でございました」、「海の素晴らしさに感動しました。美しい自然に出会えて良い経験でした」といった感想や、「ウォーキングが精一杯で素晴らしい上五島の自然を味わいきれなかったのが残念」と述べる人もみられた。

教会めぐりの体験についても、「信者ではないが、教会をめぐってとても気持ちが安らかになり、教会の建物も素晴らしく目の保養になった」、「教会内の時間が短かった」といった肯定的な評価が多く寄せられた。なかにはカトリックの信徒でないものの今回の教会めぐりを聖地巡礼ととらえている人もみられた。「教会が生活の一部である印象を強く受けた。日常生活の中に溶け込んだ信者の皆さんに感動した」と述べており、ここでは教会が宗教空間であると同時に、島の生活の一部であることに目が向けられている。

地元の人たちの感想をみると、ホストとしての立場からの意見が目立つ。「昼食に特産のうどん、くじら、いも等を出したらどうか」、といった島の名産品を味わってもらいたいといった意見や、「キリシタン洞窟に上陸させる」、「教会をもっとみてもらう」、「教会の歴史や郷土の浦々の歴史を丁寧に説明する」、「海上クルーズの際に、養殖ハマチの餌やりの見学をとりこむ」といった島の歴史や産業、生活を知ってもらいたいという意見がみられた。こうしたホストとしての意見に対して、「ウォーク＆クルーズ」企画への参加により、改めて島の風景の魅力や

歴史を再発見をしたことを記載する人もみられた。「定年後に帰島して、島の歴史や先人たちの生活や思いを少しでも知りたかった。地域もほとんど訪ねたことがなかった」と述懐している方は、高校卒業後に離島して定年後に帰郷、改めて島の歴史や生活を知りたいという欲求が高じたことを記している。実際に島民であっても、「教会の中をみるのは初めてのところもあり、楽しかった」と、教会が信徒以外には必ずしも身近な存在ではないこともうかがえる。

　今後こうしたイベントを持続的に発展させるには、島の内外の人々のニーズをより適切に把握し、魅力ある企画を立案・運営する必要があることはいうまでもない。この「ウォーク＆クルーズ」はその後も順調に開催され、2008年で第3回を迎えている。

5．教会めぐりをする人々

　それでは実際に教会をめぐりに来た人は、上五島の教会をどのように感じているのだろうか。上五島内の教会に設置された雑記帳のうち、5教会(大平、中ノ浦、土井ノ浦、大曽、江袋)のデータを手がかりに、検討してみよう。

　最初にカトリックの信徒もしくは巡礼目的で教会を訪れた人の自由記述からみてみよう。信仰者の場合、すべての教会を巡ることを意識している人もみられる。例えば「上五島の29の教会を訪問したいと参りました」、「五島列島の全教会の巡礼です」が好例である。巡礼者が教会を訪ねたとき、そこで得られる体験は多様であるが、心の安らぎや落ち着きを感じたと記述する人が多くみられる。「心の平安に恵まれました」、「心の落ちつく場所であり、ふるさとです」、「とても心安らぐ教会です」、「教会は心の安らぎと拠り所です」といった例は、教会一般で体験されるものと同一と解釈するよりも、上五島におけるキリシタンの歴史と風土、離島という地理的な位置などが相まって生じてくる体験である

と考えられる。このことは、「五島の聖地と教会、それに殉教の精神は素晴らしいです」と記した韓国人の信徒や「神様が弾圧の中にあったキリシタンのように(中略)五島に導いてくださいました」といった言説からも、上五島の教会が信徒にとって特別な意味を持ちうることを示している。したがって「病気治し」への祈りの旅をする巡礼者もいるのである。こうした信徒のまなざしは、教会の建造物に関してもその審美的・芸術的な価値だけではなく、「(信徒の)皆様が堂内を美しく飾っているのをみせていただき感謝いたします」のように、教会を支える人々の暮らしや営みそのものへの感謝の念が示されている。カトリックの信徒にとって上五島の教会は、ヒーリング(癒し)が得られる特別な場所であり、こうした聖なる力の源泉は、上五島のキリスト教史や人々の生活、風土が融合して作り出されたものであることがわかる。

　これに対して、カトリックの信徒を除く一般の観光客や地元の人の場合はどうであろうか。上五島の教会を訪れた動機をみると、海水浴や釣りなどの目的で来島して、随伴的に教会を訪れる例や新婚旅行や定年後の旅の目的地として上五島に来た人もみられる。他方で、自分や親戚の故郷として上五島の教会を訪れる人も少なくない。またカトリック文学(遠藤周作)に惹かれてその舞台である上五島に来た人や、念願の初来島を楽しみに来た人もあった。上五島の出身者が帰島の際に教会に寄る例はたくさんみられるが、必ずしもカトリックの信徒とは限らず、むしろ一度島を離れた人が、上五島出身者であるというアイデンティティを確認する行為として教会を訪問していることが考えられる。

　観光客は教会で何を感じたのであろうか。顕著な特徴として、島の歴史に関して記した人が複数みられたことが指摘される。「歴史の重みを感じた」だけでなく、教会を訪問することにより「島の歴史の勉強をした」と感じた人や、なかには「キリシタン弾圧の歴史に関する教科書の記述をもっと正確にして欲しい」のように歴史観が大きく変わった旨の記述もみられた。こうした歴史への追憶は「建造物の歴史が教会を建て

て維持してきた人々の営みである」ことの理解にもつながっている。このように上五島の教会を訪れるという行為は、観光客にとって歴史観の再構築にもかかわる重要な体験を与えうるが、島民や親類縁者を島にもつ人にとっても、「先祖がこの島で一生懸命生き、信仰を守ってくれたこと」に対する感謝の念を醸成し、ひいては島出身者のアイデンティティを確認・強化する行為となっていることがわかる。

　教会を訪問することによって得られる体験は、非信徒である観光客においても、宗教的な体験と類似した構造をもっている。例えば「心の安らぎ」や「落ち着き」、「心休まる」、「苦しみが癒される」といったヒーリングやリラックスの感覚は信徒のそれと共通している。なかには漁業関係者でかつて漁をしていた海を想い、祈りを捧げている人もみられた。

　一方で信徒と比較して特徴的な表現として、教会の建造物の美しさや立地の素晴らしさに対する評価を挙げることができる。それは例えば「レンガ建築の教会が素敵」、「簡素で美しいステンドグラス」、「すばらしい場所に立つ教会」、「美しい海と教会に感動」などの感想に読み取ることが可能である。その結果、非信徒であっても「教会の美しさに魅了」されて、福江・中通島を回っている人も珍しくない。こうした教会の価値の審美的評価は、「いつまでも大切に守り続けてほしい」といった感想に接合される。美しい教会と教会が建てられた島の歴史、そしてそれを守り維持してきた人々の生活、これらの要素が結合して、教会が文化財的価値を有するものとして来訪者に認められているものと考えられる。

6．おわりに：世界遺産登録への期待と不安

　こうした教会めぐりを聖地巡礼として促進する動きは、カトリック教会側からも起こっている。2005年にはカトリック長崎大司教区監修による『長崎・天草の教会と巡礼地完全ガイド』が刊行された。教会堂建築や教会をめぐる歴史の紹介にとどまらず、殉教者を偲ぶ巡礼地ガイドと

して、各地の殉教地や記念碑、墓地・墓碑、セミナリオ跡などを聖地巡礼として紹介している。このようにカトリック教会側でも観光化に対応し、ミサや冠婚葬祭など信徒の信仰生活に影響のでない範囲で、非信徒へカトリックをアピールしていく手段の1つとして、教会群や殉教の聖地巡礼を打ち出しているのである。

　このような長崎におけるキリシタンの聖地巡礼を宗教的意図のみならず、地域の歴史的文化遺産として、また観光振興の手段として活用しようとする動きは、2007年に「長崎の教会群とキリスト教関連遺産」が世界文化遺産のわが国における暫定登録リスト入りをしたことを契機として、さらに高まりをみせている。長崎県観光連盟では早速、「新しい文化の創造"ながさき巡礼"の創設に向けて」と題した観光資源活用の企画を打ち出した[7]。ここでは、長崎県内各地に残る有形・無形のキリスト教関連の文化財を再検証し、カトリック長崎大司教区との協議の上、公式の「ながさき巡礼の道(ルート)」を創造することを目的としている。カトリックの公認というオーソライズされた新しい巡礼の道を創造し、長崎県の観光振興に寄与することが主眼とされている。具体的な活動指針としては、長崎大司教区との協働による「巡礼地」の選定と巡礼の道づくりに始まり、巡礼のルールや後任ガイドの育成、「ながさき巡礼マップ」等を作成し、イベント開催や各種メディアを通して広く情報発信をしていくことが挙げられている。この成果として、2008年3月にはながさき巡礼の公式ガイドブックとして、巡礼地案内マニュアル「ザビエルと歩く―ながさき巡礼」が刊行された。

　「ながさき巡礼」のモデルには四国遍路が挙げられており、将来的には100万人の観光客(巡礼客)の入込みを目指している。長崎大司教区では、2007年5月に「長崎巡礼センター」を開設しスタッフを配置した。長崎県内212の巡礼地を7地区に分け、巡礼のモデルコースとして紹介するほか、団体客には、カトリック文化などに詳しい巡礼ガイドを派遣するなどの対応が始まっている。

「ながさき巡礼」の動きが起こってきた背景にはさまざまな要因がある。巡礼発展による観光客の増加を期待する地元自治体の政治・経済的な要請、カトリック側の宗教的理念と布教戦略、スピリチュアルブームといった社会的背景、団塊の世代の退職期に伴う文化遺産観光への関心の高まりなどが指摘されよう。なかでも長崎の教会群が世界文化遺産の暫定登録リスト入りしたことが、大きな推進力となっていることは間違いない。

　五島に残る教会群は、フランシスコ・ザビエルによる平戸布教以来450年にもわたるキリスト教の受容・弾圧（潜伏）・復活という歴史が表出したものである。これらはいずれも重要な歴史的文化遺産であるが、同時に信徒にとっては信仰の場・生活の場であり、単なる歴史的な遺物ではなく生きられた宗教空間でもある。しかしながら少子高齢化・過疎化が進行する五島では、もはや信徒たちの力だけでは教会堂の維持が困難な状況にある。長年の風雨に耐えてきた教会建造物にも破損が目立ち、倒壊の危機にさらされる教会堂もみられる。世界文化遺産に登録されることにより、国や地方自治体からの財政上の支援を受け、教会堂をはじめとする貴重な宗教施設が、文化財として保護されることに期待する教会関係者も多い。

　一方で世界遺産に登録されることに対する不安の声も聞かれる。周知のように、世界遺産運動は外部の社会経済的環境と密接に関連している。「五箇山・白川郷の合掌造り集落」や「紀伊山地の参詣道」の例をみても、将来的に世界遺産に登録されれば、観光客が激増することが予想される。バブル経済崩壊以降、観光消費額の低迷が続く長崎県では、教会群に対し観光振興の切り札としての期待も大きく、観光を促進したい地方自治体や観光関連業界などの様々な思惑も見え隠れする。信仰の場が観光客に荒らされはしないか。先祖から大切に受け継いできた信仰が見世物にされるのではないか。教会群を観光資源化しようとする動きが強くなれば、教会堂の本来の意味である祈りの場としての宗教空間、そ

して人々の暮らしが変容する危険性をはらんでいることは否めない。

　しかしながら世界遺産登録の夢は島の人々に、自分たちの島に対する誇りと愛着をさらに喚起する力を与えてくれる。上五島で信徒の方に聞き取り調査をしていたときのことを思い出す。「世界遺産になるとしたら、こんなに嬉しいことはありません。潜伏の時代から苦労して生活をしてきた先祖からの財産である教会が評価されることは、自分にとっても大きな喜びなのです」[8]。

注：

1) 片岡弥吉(1970)：『長崎の殉教者』角川選書。
2) この内、江袋教会(図2-1の③)は2007年2月12日に焼失し、現在再建への動きが進んでいる。
3) 上五島地区は、2004年8月1日に旧5町(若松町、上五島町、新魚目町、有川町、奈良尾町)が合併して現在の新上五島町が成立した。2008年12月現在の人口は2万4,139人である。
4) 新上五島町編(2007)：『新上五島町観光振興ビジョン～明日の世界遺産に出会う島・上五島～』新上五島町。
5) 長崎県地域振興部観光課(2002)：『長崎県観光動向調査概要報告書』長崎県。
6) 新上五島町ホームページ(2008)：http://official.shinkamigoto.net/index.php?itemid=506
7) 長崎県観光連盟(2007)：『新しい文化の創造"ながさき巡礼"の創設に向けて』長崎県観光連盟。
8) 本稿は以下の論文を大幅に加筆修正したものである。松井圭介・小島大輔(2007)：長崎県・上五島におけるキリシタン・ツーリズムの展開．平岡昭利編『離島研究Ⅲ』海青社、107-124。

（松井圭介）

Ⅲ. グリーン・ツーリズムの導入を模索する島
粟島（新潟県）
　　あわ　しま

1. はじめに

　島は海に浮かぶ陸地であり、従来、船でしか行き来することができなかった。そのため、人や物が交わりあう機会が少なく、その土地の文化が現在まで引き継がれている。人々は、多くの恵みを与える半面、時として大きな災害をもたらす自然と共生し、助け合って生活してきた。彼らが培い、継承してきた文化は、まさに人間の生活の原点といえる。現代社会に生きる我々が島に魅力を感じるのは、この原点を再確認したいからであろう。
　一方、本土から離れているということは、経済の発達には大きな支障となってきた。高度経済成長期以降、多くの島で過疎化が進んだのは本土と島の相対的な経済格差によるものと考えられる。また、流出した島民の多くは、働き盛りの労働者とその子供たちであったことから、近年では深刻な高齢化も問題の1つに挙げられている。これらの問題に対処していくために、島では豊かな自然を活かした観光産業に新たな活路を見出してきた。しかし、観光スタイルの変化や後継者不足のため、従来の形態を今後も維持していくことが難しくなりつつある。
　他の産業とは異なり、観光産業は外部からの評価に左右されやすい。観光客の満足度は、受け入れ側がアピールする地域イメージが基準となる。観光客はイメージと現実とを比較し、イメージに合致したり、過小評価していたことを実感すると、その観光に満足する。つまり、彼らは

イメージと現実が合致することを前提としつつ予想を裏切る「発見」を期待する。観光戦略とは、観光客に「発見」させる事物とタイミングを用意し、体験させることといえる。離島観光の場合、受け入れ側が観光客に「発見」してほしい事物は、島の生活そのものであり、それを体験させる観光施策としてグリーン・ツーリズムが着目されている。

新潟県の粟島では、島内の生活を体験するグリーン・ツーリズムの導入が検討されている。本章では、同島を事例にしてグリーン・ツーリズム導入までの経緯と問題点を明らかにし、観光産業を中心にした離島振興の今後の方向性を検討する。

2．粟島の概観

粟島は、新潟市の北方約 60 km の日本海上に位置し、面積 9.86 km²、周囲 23.0 km の島である（写真 3-1、図 3-1）。同島は、大陸棚の外縁に沿って発達した断層帯上にあり、周囲には水深 130〜160 m の大陸棚が広がっている。約 70 km 北東にある山形県酒田市の飛島も同一の断層帯上にあるが、上面が平らなテーブル状の形状を示す飛島に対し、粟島は若干東に偏った南北の主分水嶺（北：逢坂山、標高 235.1 m、南：小柴山、標高 265.6 m）によって東西が分かれる（図 3-2）。

植生は、丘陵部にタブやツバキといった常緑広葉樹の原生林が観察され、春先には岩場に「イワユリ」と呼ばれるオレン

図 3-1 粟島の位置

Ⅲ．グリーン・ツーリズムの導入を模索する島―粟島(新潟県)―　　43

写真 3-1　粟島全景

図 3-2　粟島の地形図
(5万分の1地形図「笹川」・「粟島」国土地理院発行、2003年修正・要修、×0.95)

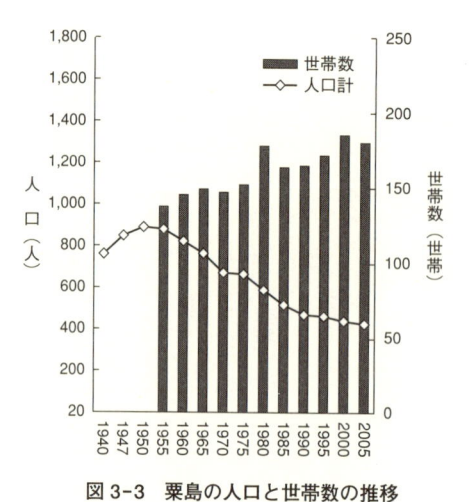

図3-3 粟島の人口と世帯数の推移
（資料：国勢調査報告）
注）世帯数のデータは1955年から記録されている

ジ色のユリ（スカシユリ）が咲く。花の少ない島内にあって、「イワユリ」のオレンジ色はよく映えることから、同花は村の花に指定され親しまれている。

粟島は一島一村の行政体であり、自治体名は粟島浦村である。集落は、西側に釜谷集落、東側に内浦集落の2集落が形成されている。2005年の国勢調査によれば、粟島浦村の人口は438人であり、2000年の産業別人口構成は第一次産業31.0％、第二次産業13.7％、第三次産業55.3％である。1940年からの人口及び世帯数の変化をみると、他の多くの島嶼部と同様に、粟島でも人口減少による過疎化が進行中であることが分かる（図3-3）。ただし、世帯数は2000年まで増加傾向にあった。これは、島内既存コミュニティの核家族化や新規単身世帯の流入によるものと考えられる。

粟島と本土とを結ぶ公共交通機関は、粟島汽船が経営する定期連絡船のみである。現在運航されている連絡船は、1990年に新造された普通船「フェリーあわしま」（所要時間1時間30分）と1989年に新造された高速船「あすか」（所要時間55分）である（写真3-2、3）[1]。定期連絡船は365日運行しているが、冬季の12月から2月までは「フェリーあわしま」のみが運行され、1日1往復になる。また、悪天候による欠航が多く、冬季観光の大きな障害となっている。一方、夏季の観光シーズンには、最大1日4往復に増便されるため日帰り観光も可能である。

昭和中期まで、同島では半農半漁の生活が営まれていたが、1964年に

起こった新潟地震によって、島内の産業構造や土地利用は大きく変貌した。新潟地震は、大陸棚外縁の断層帯に含まれる西傾斜の逆断層が西北西方向に傾動したことが原因とされており、そのほぼ直上にあった粟島の被害は甚大であった[2]。この地震によって、島の西部で約80cm、東部で最大150cm、土地が隆起したため、海岸部に平地が生まれ、島民の生活空間は拡大した。しかし、漁港は完全に機能を失い、漁業活動は長期にわたって停滞した。

写真3-2　フェリーあわしま

写真3-3　あすか

また、当時島内に92カ所あった井戸はすべて涸れ、島は深刻な水不足になるとともに、地下水の涵養にたよっていた多くの水田が耕作不能に陥った。

3．産業構造の変化

新潟地震直後である1965年の国勢調査によれば、粟島の就業人口424人のうち農業就業者は194人(45.8％)、漁業就業者は62人(14.6％)であり、両者を合わせると256人(60.4％)に達していた(表3-1)。漁業就業者に比して農業就業者が多いのは、女性就業者の多くが農業に携わっていたためと、実際には漁師として漁に出ていても漁期が限定される粟島に

表 3-1 1965 年における産業別就業者の年齢階層

単位 (%)

	15-19 歳	20-29 歳	30-39 歳	40-49 歳	50-59 歳	60 歳以上	計
農業	6(1.4)	31(7.3)	70(16.5)	34(8.0)	27(6.4)	26(6.1)	194(45.8)
漁業	1(0.2)	8(1.9)	13(3.1)	15(3.5)	12(2.8)	13(3.1)	62(14.6)
建設業	1(0.2)	25(5.9)	17(4.0)	10(2.4)	11(2.6)	0(0.0)	64(15.1)
卸売・小売業*	0(0.0)	0(0.0)	2(0.5)	1(0.2)	1(0.2)	0(0.0)	4(0.9)
サービス業	2(0.5)	17(4.0)	8(1.9)	6(1.4)	5(1.2)	2(0.5)	40(9.4)
公務	1(0.2)	4(0.9)	5(1.2)	4(0.9)	1(0.2)	0(0.0)	15(3.5)
その他	3(0.7)	6(1.4)	16(3.8)	7(1.7)	5(1.2)	8(1.9)	45(10.6)
計	14(3.3)	91(21.5)	131(30.9)	77(18.2)	62(14.6)	49(11.6)	424(100.0)

＊飲食店を含む　　　　　　　　　　　　　　　　　　　　　（資料：国勢調査報告）

表 3-2 1980 年における産業別就業者の年齢階層

単位 (%)

	15-19 歳	20-29 歳	30-39 歳	40-49 歳	50-59 歳	60 歳以上	計
農業	0(0.0)	2(0.5)	2(0.5)	10(2.3)	11(2.6)	26(6.0)	51(11.9)
漁業	0(0.0)	10(2.3)	18(4.2)	30(7.0)	38(8.8)	54(12.6)	150(34.9)
建設業	0(0.0)	15(3.5)	22(5.1)	44(10.2)	26(6.0)	5(1.2)	112(26.0)
卸売・小売業*	0(0.0)	0(0.0)	3(0.7)	6(1.4)	3(0.7)	1(0.2)	13(3.0)
サービス業	2(0.5)	21(4.9)	14(3.3)	14(3.3)	8(1.9)	1(0.2)	60(14.0)
公務	0(0.0)	4(0.9)	5(1.2)	1(0.2)	5(1.2)	1(0.2)	16(3.7)
その他	1(0.2)	11(2.6)	4(0.9)	6(1.4)	6(1.4)	0(0.0)	28(6.5)
計	3(0.7)	63(14.7)	68(15.8)	111(25.8)	97(22.6)	88(20.5)	430(100.0)

＊飲食店を含む　　　　　　　　　　　　　　　　　　　　　（資料：国勢調査報告）

表 3-3 2000 年における産業別就業者の年齢階層

単位 (%)

	15-19 歳	20-29 歳	30-39 歳	40-49 歳	50-59 歳	60 歳以上	計
農業	0(0.0)	0(0.0)	1(0.3)	1(0.3)	2(0.5)	34(9.3)	38(10.4)
漁業	0(0.0)	0(0.0)	2(0.5)	4(1.1)	14(3.8)	48(13.2)	68(18.6)
建設業	0(0.0)	4(1.1)	4(1.1)	16(4.4)	14(3.8)	9(2.5)	47(12.9)
卸売・小売業*	0(0.0)	1(0.3)	1(0.3)	4(1.1)	5(1.4)	14(3.8)	25(6.8)
サービス業	0(0.0)	10(2.7)	17(4.7)	26(7.1)	23(6.3)	51(14.0)	127(34.8)
公務	0(0.0)	0(0.0)	3(0.8)	7(1.9)	4(1.1)	1(0.3)	15(4.1)
その他	0(0.0)	6(1.6)	8(2.2)	15(4.1)	7(1.9)	9(2.5)	45(12.3)
計	0(0.0)	21(5.8)	36(9.9)	73(20.0)	69(18.9)	166(45.5)	365(100.0)

＊飲食店を含む　　　　　　　　　　　　　　　　　　　　　（資料：国勢調査報告）

おいては、年間の就業日数から農業を主たる就業先と考える就業者が多かったためである。しかし、収入面においては、1965年当時における島民の総所得に占める農業収入の比率は1割以下であったと思われる[3]。

1980年の国勢調査では、就業者総数に大きな変化は無いものの、農業就業者の比率が11.9％にまで低下した(表3-2)。これは、地震後、多くの水田が耕作不能に陥ったことと就業者が高齢化したことで、商品作物の栽培を放棄する島民が増えたことによるものと考えられる[4]。漁業就業者の比率が34.9％にまで上昇しているのは、農作業に比べて漁業はその作業内容を変化させることで就業者の高齢化に対応しやすいため、農業就業者であった人々が漁業就業者に転身した結果であろう。一方、サービス業就業者は60人(14.0％)、卸売・小売(飲食業を含む)への就業者は13人(3.0％)に増加した。

2000年の国勢調査によれば、就業者総数は365人にまで減少したうえに(対1980年比、-17.8％)、全就業者の34.0％が65歳以上の高齢者で構成されており、過疎化と高齢化の問題が就業構造にも反映されていることが分かる(表3-3)。漁業就業者は68人(18.6％)にまで減少し、サービス業就業者は127人(34.8％)に増加した。公務就業者数は1965年から変化していないが、就業者総数の減少に伴い構成比は上昇した。また、「その他」には運輸・通信業、電気・水道業が含まれるが、彼らの多くは本土からの短期単身移住者であり、それが世帯数増加の一因になっている(図3-3参照)。近年の特徴として、島民生活の維持や向上に関わる業種の比率が上昇していることを挙げることができる。

就業者比率の変化から確認できるように、粟島は新潟地震から40年余りの間に産業構造を大きく転換した。しかし、粟島汽船から提供された資料によれば、定期連絡船の年間利用者総数は、1992年を境にして減少し続けており、バブル崩壊後の国内観光の低迷や観光スタイルの変化が反映されている(図3-4)。宿泊施設数も最も多かった1986年には、内浦集落で47軒、釜谷集落で22軒に達したが、経営者の高齢化や後継者

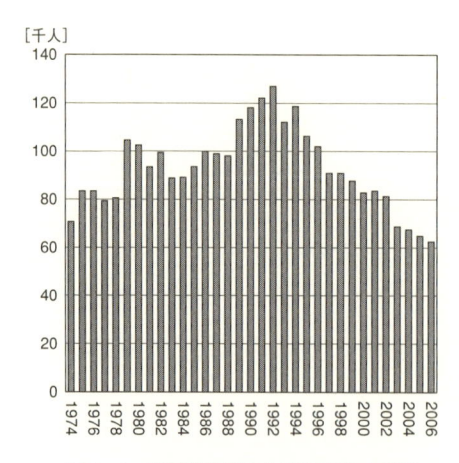

図 3-4　定期連絡船の年間総客数の推移
（資料：粟島汽船の提供資料）

不足によって、2007 年には内浦集落で 28 軒、釜谷集落で 18 軒にまで減少している。現時点においては、血縁的コミュニティ内の相互扶助によって、残存する民宿経営者を中心に島民の生活は維持されているものの、顕在化している観光客の減少と過疎・高齢化問題に対する明確な指針が島の存続に必要であることは明らかである[5]。

4．グリーン・ツーリズムの導入

(1) 特徴的なグリーン・ツーリズム

　バブル崩壊後の観光業の低迷に対し、一島一村の行政姿勢を保持する同島では、役場が島の観光センターとなって様々な観光振興策を打ち出してきた。主なものをあげるだけでも、粟島を詠んだ歌碑の設置、キャンプ場の整備、貸自転車の管理、温泉の開発等(**写真 3-4、5、6**)、臨時職員を含めても 20 数名の役場規模としては最大限の島内整備が行われている。また、島開きや祭り等の行事の際には、ボランティアとして労働力も供出している。

　粟島は、著名なエッセイストや写真家の作品の中で紹介されたり、島内の名物料理である「わっぱ煮」がグルメ番組や旅行雑誌等で取り上げられる機会が多い(**写真 3-7**)。「わっぱ煮」は、海から先に帰った漁師が、後から帰ってくる漁師の分の朝食もまとめて作るために考え出された鍋料理であり、焼いた石を「わっぱ」と呼ばれる杉製の桶に入れて煮

Ⅲ. グリーン・ツーリズムの導入を模索する島—粟島(新潟県)—

写真 3-4　歌碑

写真 3-5　バンガロー

写真 3-6　温泉

写真 3-7　わっぱ煮

るのが特徴である[6]。また、最近では、粟島をロケ地にした自主映画も製作された。役場はこれらの活動の窓口にもなっている。粟島浦村では、フィルムコミッション事業という明確な事業名があるわけではないが、同様な内容の活動がごく自然に役場の仕事の1つとして行われている。

このような島の観光やPRに対する行政の姿勢は、島民の観光業に対する積極的な行動にも現れている。体験型観光に関しても、すでに内浦集落の宿泊施設28軒中5軒、釜谷集落の宿泊施設18軒中8軒で導入されている。また、役場が用意したものが大半であるが、多くの経営者が高齢であるにも関わらず、内浦集落の19軒、釜谷集落の8軒の宿泊施

設がインターネット上にそれぞれの宿泊案内を公開していることにも驚かされる。次に述べるグリーン・ツーリズムのモデルコースも、役場が作成した島の「Walking Map」が元になっている。

　導入予定のグリーン・ツーリズムは、これらの活動を連携させパッケージ化しようとするものであり、新潟県の村上地域振興局の提案によって進められている。県全体の観光政策の中に粟島が組み込まれるようになったのは、2004年に粟島浦村資料館が島内に建設されてからのことであるが、県として全国にアピールするにはインパクトが弱いと判断され、大きな企画にはならなかった。しかし、県の観光政策が「食」をテーマに整備されていくのに伴い、島の食文化が着目されるようになった。2007年2月には県の観光振興懇談会が開催され、粟島観光の目玉として島固有の料理をコンパクトにまとめた弁当の開発とターゲットを絞った島内散策の企画がスタートした。

　新潟県は、「食」をテーマとする全県での観光政策の一環に粟島観光を位置づけるとともに、将来的には対岸にある村上市の瀬波温泉郷を訪れた観光客に対して、オプショナルツアーとして粟島観光を提示していく予定である。点的な観光地開発ではアピール度が低く、観光客を全国から誘引しにくい。そのため「食」という一貫したテーマに基づいて、個々の観光拠点を結び付け、県内観光に空間的な広がりと質的な統一性をもたせていく。県のこのような観光政策は、きわめて論理的で説得力を持つ。さらに企画の具体化を村上市のNPOに一任し、その後の商品化も地場の旅行代理店が行うなど、県内の観光関連機関との連携も良好である。

　県は、観光を経済活性化のために役立てることを明言している。粟島に関しても、渡島だけで粟島観光が終わってしまうことがないよう、島固有の料理による弁当を開発し、できるだけ島内の観光設備を利用するような観光ルートを提案しようとしている。それは、観光客の満足度を県内の商業活動に転化させようとしているからにほかならない。島の歴

Ⅲ．グリーン・ツーリズムの導入を模索する島 ― 粟島（新潟県）―

写真 3-8　観光遊覧船「シーバード」

史や文化を説明するガイドを募ったり、体験観光をマニュアル化することも、島内の高齢化や後継者問題に対する具体的な提言となろう。産業として観光業を育成し、それによって地域を振興させていこうとするならば、グリーン・ツーリズムも1つの経済政策と考えるべきなのかもしれない。しかしながら、グリーン・ツーリズムが経済活性化策の一環として規格化されることについて、多少の違和感は禁じえない。グリーン・ツーリズムは、元来、経済学的な指標では評価することができない豊かな自然を、商業的な価値観にとらわれず、身近に感じることができる観光のあり方として提唱されてきたからである。

（2）モデルコース

　県は、モデルコースに対する意見収集を目的に、2007年9月8～9日にモニターツアーを開催した。モデルコースは、観光客の興味や体力差に対応するように2コースが設定された。①「島内まるごと歴史散策コース」は中高年層の観光客を想定し、主な移動手段は観光遊覧船「シーバード」（**写真3-8**）となっているのに対し、②「島内まるごとネイチャートレッキングコース」は若年層の観光客を想定しているため、主な移動手段は貸自転車となっている[7]。簡単に1泊2日の行程とツアー

1日目
 9:30〜10:25　岩船港⇒粟島港（高速船）
10:30〜12:20　島崎展望台往復（徒歩）
12:20〜13:30　昼食
　　　　　　　「わっぱ煮」体験
13:30〜17:00　内浦集落内散策（徒歩）
　　　　　　　歌碑めぐり
　　　　　　　神社、粟島浦村資料館見学
　　　　　　　温泉入浴　等
　　　　　　　（観光ガイドによる説明）
　　　──内浦民宿泊──
2日目
 9:00〜 9:25　内浦⇒釜谷（観光遊覧船）
 9:30〜11:00　八幡鼻展望台往復（徒歩）
11:15〜11:50　釜谷⇒内浦（観光遊覧船）
12:00〜13:00　昼食
13:00〜15:00　意見交換会
15:30〜16:58　粟島港⇒岩船港（普通船）

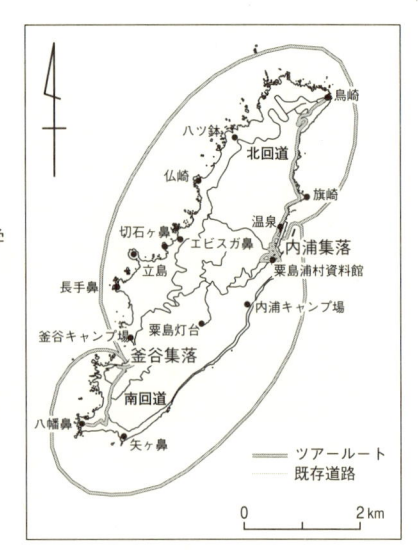

図 3-5　島内まるごと歴史散策コース（仮称）

1日目
 9:30〜10:25　岩船港⇒粟島港（高速船）
10:50〜14:00　内浦⇒釜谷（貸自転車）
　　　　　　　北回道使用、途中で昼食
14:10〜16:30　八幡鼻展望台往復（徒歩）
　　　　　　　往復後釜谷集落内散策
　　　──釜谷民宿泊──
2日目
 8:00〜10:00　粟島灯台往復（徒歩）
10:10〜11:30　釜谷⇒内浦（貸自転車）
　　　　　　　南回道使用
11:30〜13:00　昼食
　　　　　　　資料館見学
13:00〜15:00　意見交換会
15:30〜16:58　粟島港⇒岩船港（普通船）

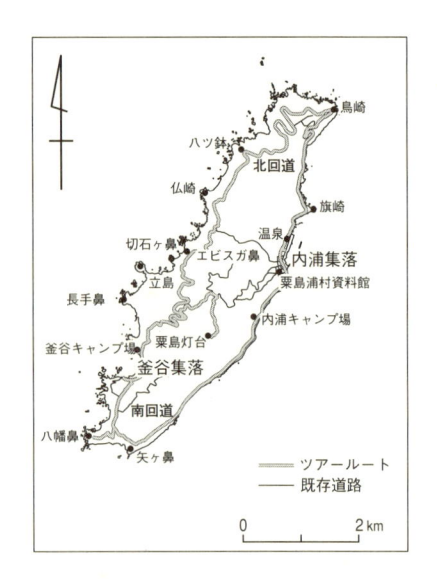

図 3-6　島内まるごとネイチャートレッキングコース（仮称）

ルートを記す(図 3-5、6)。

　いずれのコースにおいても2日目の午後は意見交換会が予定されており、一般的な1泊2日の観光よりも半日短い行程となっている。両コースを比較してみると、①が島の全景を観光遊覧船から見学し、徒歩では主に集落内の観光施設を巡るコースであるのに対し、②は島内道路のほぼ8割を貸自転車で走破し、島のほとんどの名所を巡るコースである。両コースともに、限られた時間内に多くの観光ポイントを効率的に巡る工夫がなされており、いくつかのポイントには地元観光ガイドによる説明が加わるという充実した内容となっている。

　これらはモニターコースであり、そのままの形で実装されるものではないが、散策コースを吟味し、関連する観光資源を掘り起こしていくことは、グリーン・ツーリズムに限らず、観光政策の改善に必要な作業となろう。また、現行ツアーはもちろん、個人での粟島観光においても、散策コースの雛型は観光計画を立てる目安になるため、モニターツアーの実施と参加者からの意見収集は有効な基礎調査であると評価できる。

5．今後の方向性と課題

　モニターツアー2日目午後の意見交換会において、新潟県の村上地域振興局が行ったアンケート調査によれば、参加者のツアーに対する意見は概ね好評であった。参加者は、モニターの公募に応募してきた方々であり、地域探索に対する関心度は一般の観光客よりも高い。そのため、土地を熟知した現地での観光ガイドや地域情報を分かりやすく説明するパンフレットの必要性など、的確な意見が出された。また、ツアールートを公募方式によって一般から募ってはどうかという声も聞かれた。これは地域に対する積極的な関心から出された意見と思われるが、トイレ、足場、階段の不備を指摘したり、携帯電話用のアンテナの設置を要望する意見も見られた。

言うまでもなく、観光開発の成否は観光客数の増減に現れる。安全、安心、安価な観光地を形成しようとすることは評価されるであろうが、グリーン・ツーリズムという名称に関係なく、「観光客のために」という過度の改変は、現地の魅力を失わせる結果に繋がることもある。携帯電話が通じない土地は不便だが、そこに「粟島らしさ」を見いだすことができる。展望台の眺望を確保するために、付近の草木を伐採してはどうかという意見もあったが、「観光客のために」が「地域のために」より優先される観光開発は、真の意味での地域振興には結びつかない。

　また、観光振興懇談会に参加している宿泊業者は2007年の時点で9軒であり、島内の全ての民宿経営者が参加しているわけではない。村山地域振興局は、県は観光開発に関する話し合いの場と機会を提供するのみであり、具体的な施策は当該自治体と地域住民が立案、実施すべきであるとしている。粟島のグリーン・ツーリズムは、今後も同懇談会を中心に進められていくであろう。そのためには、企画に同調し、自発的に参加する経営者や住民が増えていくことが望まれる。

　今後予測される問題としては、まず、ツアーが本格化した場合の観光客の配分が挙げられる。連絡船の発着港がある内浦集落に宿泊する場合と分水嶺を越えなければ到達できない釜谷集落に宿泊する場合とでは、島内観光の仕様が大きく異なるため、異なるツアールートで同様な満足度を得られるような企画が必要になる。加えて、大型化、画一化された観光開発の弊害が宿泊業経営者に集中するといった問題も危惧される。旅行費用の低価格化戦略が採られた場合、宿泊費を抑えることで費用の圧縮を計る場合が多いからである。

　従来、島の宿泊業者が行ってきた体験型観光は、畑でのジャガイモ掘り、漁船に同乗する早朝の漁業体験、「わっぱ煮」の調理体験等である。これらは予約はするものの、民宿経営者と観光客が双方の都合に合わせて、その場で話し合い実施されてきた。天候や慣例行事に左右されやすい島内の生活において、事前に設定された観光業務として、それらをこ

なさなければならないという状況になった時、どれだけの民宿が企画に参加するか疑問である。

　観光業の再生には新しい試みが必要であろう。しかし、島の生活に即した家族経営によって形成されてきた個性を新しい観光政策によって画一化してしまうことがないよう、改変を急がない余裕もまた重要である。

6．おわりに

　新潟県の粟島では、1960年代以降、観光産業を中心とした産業構造の再編が進行した。しかし、近年では、島民の減少や高齢化、観光客の減少、観光スタイルの変化等から、従来通りの経済活動が困難になりつつある。それに対し、県の地域振興局では「グリーン・ツーリズム」を同島に導入し、県内観光拠点としての整備を計画している。

　島内の自然と生産物を利用するグリーン・ツーリズムは、投下資本量を抑えつつ、島民の現金収入を上昇させる観光様式であるため、大きな反対がないまま計画が進行する場合がほとんどである。ただし、粟島に導入されようとしているグリーン・ツーリズムは、一般的なグリーン・ツーリズムとは若干性格を異にする。言葉の定義を厳密にしなければならないということはないが、推進する観光政策が逆に粟島の魅力を低下させてしまうことがないよう、以下の3つのテーマに対して、一層の議論を重ねていく必要がある。

　① グリーン・ツーリズムの本質に対する島民および観光客の理解
　② 島の文化や自然環境の保全を重視した観光政策の推進
　③ 県の観光政策と粟島住民との間に存在する意識のずれの克服

　重要な点は、粟島の観光開発は粟島と島民のために企画、実施されなければならないということである。島の環境保全や生活の質的向上といった事が観光業再生の前提にならない限り、地域全体での観光政策を

進めていくことはできない。新潟県の村上地域振興局が、場と機会を提案するだけで、具体的な施策の策定は当該自治体と地域住民に任せるという姿勢を維持しているのも、この点に留意しているからにほかならない。

注：

1) 普通船「あわしま」は、定員487名、総トン数626t、速力27.8km/hである。また、高速船「あすか」は、定員173名、総トン数125t、速力42.6km/hである。
2) 小池一之・田村俊和・鎮西清高・宮城豊彦編『日本の地形3 東北』東京大学出版会、2005年、355頁。
3) ①浅井得一・味沢成吉・山下七郎・玉川大学地理研究部「粟島共同調査報告(その1)」、新地理、14-4、1967年、②浅井得一・味沢成吉・山下七郎・玉川大学地理研究部「粟島共同調査報告(その2)」新地理、15-1、1968年、③浅井得一・味沢成吉・山下七郎・玉川大学地理研究部「粟島共同調査報告(その3)」新地理、15-2、1968年の調査結果を参考にした。
4) 作付面積は縮小しているが、農業そのものが行われなくなったことを意味するものではない。商品作物を現金化する産業として農業就業者数が減少したのであって、自家消費用の農作物は現在でも畑で栽培されている。
5) 島内の特徴的なミュニティと民宿経営の維持との関係については、山田浩久「新潟県粟島における特徴的な集落形態と産業構造」(平岡昭利編『離島研究Ⅲ』海青社、2007年)、181-196頁を参照されたい。
6) 昭和期初頭にはすでに島の名物料理として紹介されていた。従来は、1つの大きな桶で作ることもあったようだが、現在では1人分の小さな桶で料理され、粟島観光の目玉になっている。
7) 当初、②の「島内まるごとネイチャートレッキングコース」でも観光遊覧船が使用される予定になっていたが、1日目の天候条件から急きょ貸自転車による移動に変更された。

(山田浩久)

Ⅳ. ブルー・ツーリズムの定着を図る島々
壱岐島・青島(長崎県)

1. はじめに

　水産庁によると、今日、漁村滞在型余暇活動、すなわちブルー・ツーリズムを標榜する地域企画は、全国に1,161件を数えることができる[1]。件数的に多い都道府県をあげると、第1位が静岡県の82件、第2位が兵庫県の73件、第3位が岩手県の65件、以下、福岡県、北海道、東京都、長崎県、熊本県、島根県、愛媛県の順となっている。このようにブルー・ツーリズムが盛んな地域は、都市住民が足を伸ばしやすい大都市圏近接地域を取っ掛かりとして、今や臨海地域を中心に全国各地に広く展開している。

　ただ、これを離島に限ってみると、表4-1でわかるように、全国でのブルー・ツーリズムの企画件数が196件で、企画数全体(1,161件)のわずか16.9％にすぎない。ちなみに、離島での企画が最も多い都道府県が、伊豆・小笠原諸島を抱える東京都の53件、次いで五島列島・壱岐・対馬を県域とする長崎県と隠岐諸島がある島根県の30件、さらに天草諸島のある熊本県の23件、佐渡島、粟島を含む新潟県の16件となっている。これをみると都市地域に近く、かつ交通の便が良く、比較的大きな離島を中心に展開している。

　このような状況ではあるが、それでもグリーン・ツーリズムにだいぶん遅れて、水産庁の提唱をもとにスタートしたブルー・ツーリズムは、ようやく普及活動の時期を終え、質的向上を目指す段階にきたと言う

表 4-1　離島ブルー・ツーリズム件数と活動地域

都道府県	件数	活動地域
北海道	8	利尻島、礼文島
新潟県	16	粟島、佐渡島
富山県	1	蛇が島
東京都	53	神津島、大島、三宅島、八丈島、新島、利島、御蔵島、小笠原諸島
三重県	1	答志島
兵庫県	1	家島
島根県	30	隠岐諸島
広島県	8	江田島、横島、田島
山口県	3	周防大島
香川県	3	直島、小豆島
愛媛県	3	上島
福岡県	1	相ノ島
佐賀県	1	向島
長崎県	30	五島、壱岐、対馬、青島、度島、高島
熊本県	23	天草諸島
大分県	1	姫島
宮崎県	1	島浦島
鹿児島県	7	長島、三島、奄美大島、与論島
沖縄県	5	宮古島、石垣島、南大東島

資料：水産庁 2007. 漁村へ GO. http://www.gyoson-go.com/

ことができる。なお、ここで言うブルー・ツーリズムの質的な向上とは、客の多様なニーズに対応するために企画を充実させるというレベルでの話はもちろんであるが、行政や漁協が企画立案し全面的運営を行っていくという上からの活動推進段階から、地元住民がより積極的にその運営に関わっていく、すなわち、地域全体でブルー・ツーリズムの活動を推進していくというレベルを意味している。この下からの活動推進が発生しない限り、上からのかけ声だけに終始していれば、やがてブルー・ツーリズムの活動自体が淘汰、消滅してしまう危険性もある。

2. 壱岐市勝本地区の事例

(1) 地域の概観

　壱岐島は、玄界灘に浮かぶ低平な島で南北約17km東西約15km、面積が139km^{2}ある。2004年に郷ノ浦、勝本、芦辺、石田の4町が合併して壱岐市となった。旧勝本町は、島の北端に位置し、冬季に強烈な季節風が吹き付けるが、地先の名烏島、若宮島、辰ノ島が防波堤の役割を果たすため天然の良港となっている(**図4-1**、**写真4-1**)。

　ここで取り上げる壱岐市勝本町勝本浦地区(以下、勝本地区と称する)は、人口2,671、世帯数866(2005年3月現在)であるが、過疎化が進行して最近10年間では年1％近い人口減少を示している。当地区には、勝本

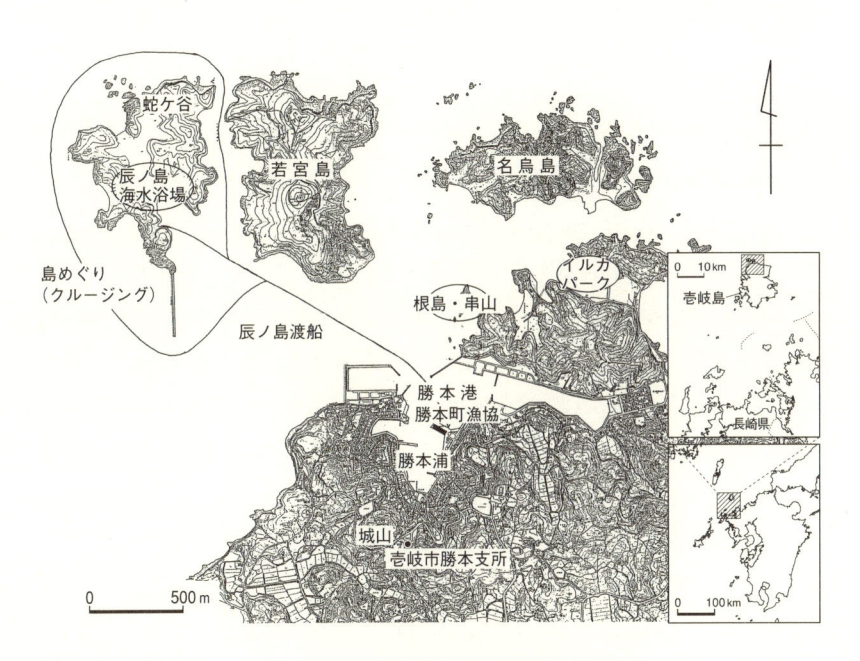

図4-1　勝本地区の地域概観

写真 4-1　壱岐・勝本港(壱岐市役所提供)

町漁業協同組合(2005年現在、正組合員537名、准組合員376名)がある。漁業の中心はイカの一本釣りであり、漁獲量の7割強がイカ類、その中でも特にケンサキイカには、「壱岐ツルギ」というブランド名が付けられて全国市場に展開している。イカ類に次ぐのがブリ類であるが、ここ数年でホンマグロ釣りが飛躍的に伸び、金額的にはイカ類の全金額に占める5割に次ぐ約3割(2004年)の生産をあげている。

(2) 勝本地区のブルー・ツーリズム

壱岐市勝本地区では、ブルー・ツーリズム導入のために新たに作られた勝本町漁業協同組合観光部が運営主体となって企画メニューの拡大・多様化に努めた結果、着実に成果をあげてきた。メニューのうち、最大の目玉で、当地区ブルー・ツーリズムの端緒を開いたのが根島・串山の磯遊びである。根島・串山は、干潮時のみ海面上に現れる磯場で、貝や魚の宝庫として地元ではよく知られてきたが、30人ほどしか入れない狭さが、ツーリズムの規模拡大にとってネックであった。そこで、既存施設であるイルカ・パークでの当地特産のイカさき体験や、中古グラスボートを購入して始めたクルージング、渡船事業などが加わって現在に至っている(図4-1)。

このような漁協などの努力の結果、**図 4-2** をみてわかるようにブルー・ツーリズム客数も順調に伸びてきた。その中心となったのは修学旅行生

で、2006年は修学旅行が幾分減った関係で少し落ち込んだが、2007年は05年と06年の中間ぐらいということで客数も落ち着いてきている。

2004年度にブルー・ツーリズムを取り入れた修学旅行を実施した42の中学校、高等学校に問い合わせてアンケート調査を行い、回答を得た29校の状況をみると、参加校の所在地は、近畿地方が最大(15校)で、以下、中国地方(8校)、九州地方(3校)と続く。また、実施のきっかけについては旅行業者による紹介が約7割であった。学校や生徒の満足度はかなり高いが、企

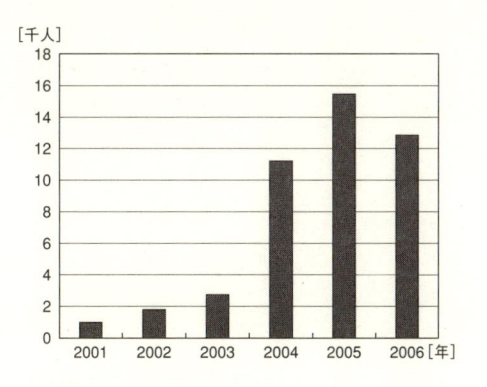

図4-2 勝本地区ブルー・ツーリズム客数の変化
(資料：NPO法人体験観光ネットワーク松浦党、松浦体験型旅行協議会による)

写真4-2 グラスボートによるクルージング

画自体はブルー・ツーリズム企画単独での修学旅行ではなく、スペースワールドやハウステンボスなどのテーマパークや長崎市、広島市の平和教育、観光などを組み合わせた2泊3日ほどのスケジュールとなっている。

写真4-2は、グラスボートによるクルージングの様子で、中央で操縦しているのは元イカ釣り漁師のO氏である。クルージングは、勝本町漁協横の発着所を起点に辰ノ島海水浴場までの所要時間が約10分、島巡りの所要時間が約40分となっており、途中、マンモス岩と名付けられた奇岩など、美しい景色が続く。ちなみに辰ノ島を始めとする勝本地先

写真 4-3 イルカ・パークのイルカ

写真 4-4 ウニ割り体験

の3島は全て無人島であるが、辰ノ島には遠浅できれいな内湾があり、夏場は海水浴客でにぎわう。

イルカ・パークは、かつてこの地域の定置網に大量のイルカがかかり、その処分によって海が血の色に染まり、自然保護団体と激しい軋轢が生じたという、いわく付きの場所を逆手にとって作られた観光施設である。今も3頭ほどイルカが飼育されており、プール内を優雅に泳いでいる(写真 4-3)が、最近はイルカの新規補充が難しく高齢化が懸念されている。数年前までは、客に水着を着てもらいプール内でイルカと一緒に泳いでもらうという企画もあったが、イルカが高齢になって、ストレスに耐えきれないということで、その企画もなくなった。関係者としては、何とか若いイルカを入れて企画を復活させたいとのことであった。

イルカ・パーク内の研修施設では、イカさきやウニ割りの体験ができる。イカさき体験では、身をさいて内臓や軟骨を取り出し、戸外の回転式の干し機で4時間ほど回して干したものを真空パックして家に送ってくれる。ウニ割り体験(写真 4-4)は、ウニを割って卵巣を食べるだけなのだが、時季的に夏場はやせていて卵巣が小さく、食べるのに十分な量がないということもあって、2005年のみで取りやめとなった。根島・串

山での磯遊びは、2005年の例で言うと4月末から9月末まで、延べ92日間実施された。

　最後に、勝本地区のブルー・ツーリズムに関する課題をあげてみよう。1つ目は通過型観光から宿泊型観光への転換である。勝本地区には宿泊施設が少なく、修学旅行生は島内の他地区に泊まって勝本で体験を行っているが、宿泊することでより多くの経済効果が見込めるだけでなく、地元をより深く知ってもらえ、地元住民と修学旅行生との交流がより深まることが期待される。

　2つ目の課題としては、体験メニューの拡充であり、特に荒天時や冬季の企画を増やしていく必要がある。3つ目は、地元住民のさらなる理解と協力、参加意識の浸透を図っていくという最も重要な課題である。勝本地区866戸の悉皆調査を実施し、有効回答数258を得た地元住民に対するアンケートでは、実際に地元住民が、ブルー・ツーリズムの企画内容を理解するために必要と思われる自分自身の企画参加が30件（1割強）しかなかった。その結果、ブルー・ツーリズムの推進に賛成という意見が5割強、反対が1割弱、よくわからないという意見が3割もあり、地元住民の意識高揚と、そこからくる企画への積極的参加という点では、まだまだ課題が多いという調査結果が得られた[2]。

3．松浦市青島の事例

（1）地域の概観

　青島は、松浦市の北方の玄界灘上約5kmに位置する面積0.9km^2、周囲が10.4km、人口294、世帯数91（2008年3月現在）の半農半漁の島である。漁業の中心として新松浦漁協青島出張所があるが、当地区には水揚場はなく、漁獲物は松浦市内の漁協市場などに出荷されている。生産の中心は養殖業（全生産額に占める割合が74.6％）であり、次いで定置網（同8.2％）、ごち網（同6.2％）、採貝採藻（同3.8％）となっている。当地区で

ブルー・ツーリズムの企画が始まる以前からある観光のポイントとしては、宝の浜海水浴場や磯釣り、子安観音への参詣ぐらいで、宿泊施設として民宿が1軒あるのみである。

（2）平戸・松浦地区のブルー・ツーリズム—青島を中心に—

長崎県の平戸・松浦地区では、2001年より松浦市の青島で最初のブルー・ツーリズム受け入れ準備が始まった。その後、2003年に修学旅行生の受け入れが始まる。この修学旅行生の受け入れに関して、寄与したのが長崎県条例の改正による民泊の規制緩和、すなわち、大分県方式の導入であった。当初、活動拠点ごとに受入・運営機関が作られたが、現在は、これらを統括する運営母体として、「NPO法人体験観光ネットワーク松浦党」が機能している。おもな活動として、人材育成のためのインストラクター制度と、修学旅行生、一般観光客の受け入れ事業がある[3]。

ブルー・ツーリズム客を受け入れている地域は、**図4-3**に示された全13地区であり、この地区内にインストラクターが2007年現在で約800名おり、全て民泊で1日2,000名を収容可能であり、その内訳は漁家民泊1,200名、農家民泊800名となっている。

当地区のインストラクター制度は3段階に分かれており、その第1が体験インストラクター育成コースである。これは、地域(現場)での受け入れ者の育成を目指すもので、ブルー・ツーリズムの目的、方法、客のもてなし方など4回の講義研修を受けてインストラクターとなる。当地区の約800名のインストラクターの大半が、このコースの修了者である。第2段階は、地区のリーダーを育成するための指導主任者育成コースである。これは、第1のコース修了者で、さらにやる気のある者が、3回の講義研修を受けるものである。最後の第3段階は、地域全体のブルー・ツーリズムに関するリーダーを育成する中核組織リーダー育成コースであり、1、2段階の修了者が、さらに旅行会社などで派遣研修を受けることになる。なお、2006年度の実績で、第1段階修了者が235

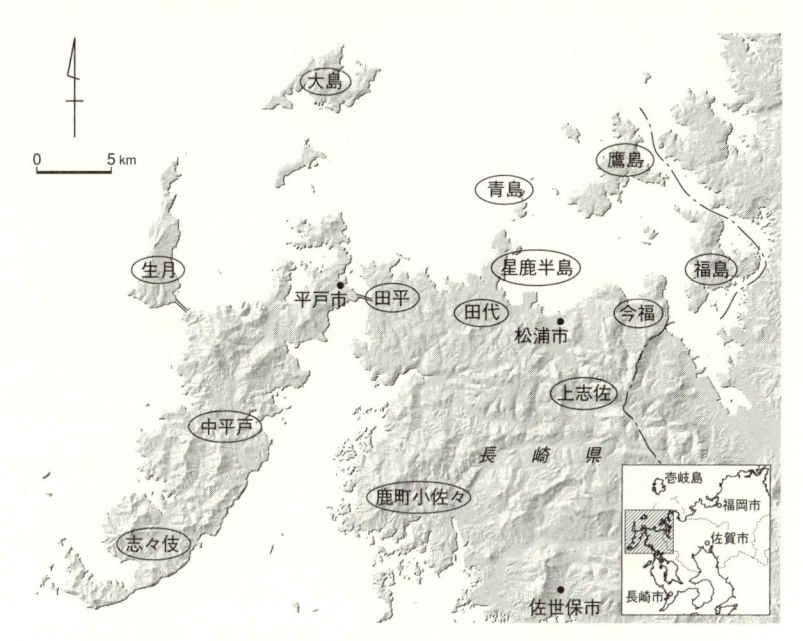

Ⅳ. ブルー・ツーリズムの定着を図る島々―壱岐島・青島(長崎県)―

図4-3 平戸・松浦地区ツーリズム実施地域

名、第2段階修了者が163名、第3段階までいくとさすがに少なく、わずか3名となっている[4]。

　当地区のツーリズムの特徴は、ブルーとグリーンが両方とも組み込まれてのメニューの豊富さにある。内訳として、ブルー・ツーリズム関連が30、グリーン・ツーリズム関連が28、その他自然・アウトドア体験が12、歴史体験が7、伝統工芸体験が8、文化体験が3、施設見学が2ということで、地域が広いということもあるが総メニュー数が90という数を誇る。これらの中には季節によってはできないものもあるが、**表4-2**を見てわかるように修学旅行生の多い春・秋にメニューが多く、少ない夏・冬にメニューも少ない。しかし、その差はわずかで、最もメニューの多い5月で80、逆に最も少ない7月で71となっている。

　おもなブルー・ツーリズムのメニューをあげると、漁業体験として定置網、地引き網、延縄、刺網、イカ釣り、カニかご、タコ壺、イワシ

表4-2 平戸・松浦地区ブルー＆グリーン・ツーリズム月別メニュー数

	B·T体験	B·T料理	B·T合計	G·T体験	G·T料理	G·T合計	メニュー合計
1月	10	12	22	12	7	19	73
2月	10	13	23	12	7	19	74
3月	10	13	23	14	8	22	77
4月	10	12	22	14	8	22	76
5月	10	14	24	15	9	24	80
6月	10	14	24	14	9	23	79
7月	9	11	20	12	7	19	71
8月	9	10	19	12	7	19	70
9月	12	11	23	13	7	20	75
10月	12	10	22	15	7	22	76
11月	11	10	21	13	7	20	73
12月	11	10	21	13	7	20	73

B·T：ブルー・ツーリズム、G·T：グリーン・ツーリズム
資料：NPO法人体験観光ネットワーク松浦党・松浦体験型旅行協議会による。

漁、養殖場での餌やり、漁具づくりなどがあり、味覚・料理づくりとして魚おろし、かまぼこ、薩摩揚げ、アジ・サバの開き、押し寿司、ミナ飯、タイ飯、イカ飯、アンコウ鍋、焼きアゴ、カワハギ、タコ、ヒラメ料理作りなど美味そうなメニューが続く。その他、アウトドア体験として、シーカヤック、ヨット、和船こぎ、いかだ作り、海・川釣りなど、自然体験の中に磯の生物観察や自然観察クルージングなどが含まれている。

　青島地区におけるブルー・ツーリズムについて補足すると、漁業体験として定置網、地引き網、磯体験、タコ壺漁、養殖場での餌やり、船釣り、港釣り、味覚・料理体験として魚おろし、かまぼこ、薩摩揚げ、押し寿司作りなどがある。このうち2008年8月の調査で体験したのは、磯体験とタコ壺漁、船釣り、港釣り、押し寿司作りであった。磯体験は港に北接する砂礫海岸で行った(**写真4-5**)。ここでは、インストラクターの指導の下、石の裏などに付いている貝を集めたり砂礫を掘ってアサリを採ったりした。タコ壺漁(**写真4-6**)は、最盛期が6月までということで少し時季はずれであったが、前日仕掛けてあった壺に予想外に多く

Ⅳ．ブルー・ツーリズムの定着を図る島々―壱岐島・青島(長崎県)―　　67

のタコが入っていた。インストラクターからタコの扱い方、雌雄の違いなどを教わることができた。押し寿司作りは、婦人インストラクターの指導下で地域の伝統料理作りを行った。また、港釣りでは、2時間程皆でがんばったが釣果は2匹であった(**写真 4-7**)。

次に、平戸・松浦地区全体での活動における客の中心をなす修学旅行生についてみる。修学旅行は、時期的には春に中学校、秋に高校の受け入れが多くなっており、順調に受入客数を増やしている(**図 4-4**)。その地域活性効果は、NPO法人によると、経済効果として1万人の集客で約1億円ということであった。これは、1人1泊2日で民泊費5,000円、1日目と2日目に行う2つの体験メニューの参加費の計約5,000円の合わせて1万円という単純合計であり、実際にはこれに

写真 4-5　青島での磯体験

写真 4-6　タコ壺漁体験
(NPO法人体験観光ネットワーク松浦党松浦体験型旅行協議会写真提供)

写真 4-7　港釣り体験

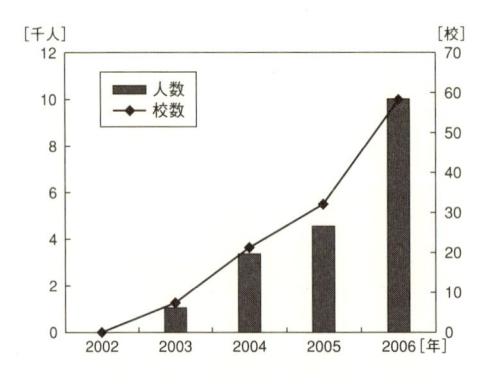

図4-4　平戸・松浦地区修学旅行生受入数
（資料：NPO法人体験観光ネットワーク松浦党、松浦体験型旅行協議会）

みやげ代とか地域内で使う諸経費がついて、さらに若干上乗せされることになる。1億円というとかなり大きい数字であるが、たとえば、現状で青島の民泊受け入れを行っている20軒の年間平均受け入れ人数が平均70名なので、1回3～4名を泊めて、年20回ほどの宿泊があり、1軒当たり単純収益が約35万円になる。したがって、ブルー・ツーリズムだけで生計を立てていくということにはならないわけで、収入的にはあくまで副業の域を出ない。当然のことながら、地元の中心産業である漁業などを体験してもらうブルー・ツーリズムであるから、主業をないがしろにしては成立しない。逆に言うと、地元の産業に自信を持ってもらって、それを大切にするためのブルー・ツーリズムでもあると言える。

　しかしながら、そういった経済効果よりも、さらに重要なのは、子どもの少なくなった地域にあって都市の子どもたちとの交流によって地域に元気が出ること、また、田舎＝ふるさとを持たない都会の子どもたちも、本物の田舎生活を体験して感動し元気が出る。そうして構築された新たな人間関係は、わずか1泊か2泊の関係ではあるが、その後も手紙のやりとりが続いたり、卒業旅行や親と一緒に子どもたちが再度やって来てくれるなどの例があり、今後も関係の継続が期待できるということであった。ちなみに、青島で2008年8月に実施した全戸数の聴き取り調査で得られた有効回答57件のうち、ブルー・ツーリズムの取組に対して好意的に受け止めている者が44（全体の77.2％）、特に思いがないと

した者が 11(同 19.3%)、賛成できないとした者が 2(同 3.5%)であった。こうしてみると、青島でのブルー・ツーリズムは、住民への浸透がずいぶん進んでいることがわかる。主催者側の課題としては、むしろ現状の受け入れが一杯一杯で、これ以上来客希望が増えると、お断りをしなければならない事態が懸念されるとのことであった。

4．おわりに

　以上、勝本地区と平戸・松浦地区の事例からブルー＆グリーン・ツーリズムを地域に根付かせるために理解されたことをまとめてみる。

　その第1は、地域密着型ツーリズムへ向けての住民意識を高めることの必要性である。ツーリズムのねらいは、あくまで直接的収入ではなく交流による地域活性であり、受け入れ体制を整備するために松浦地区のように地域でツーリズムを下支えする大人数のインストラクターの育成が最も重要である。上意下達のツーリズムでは、住民が自分たちには関係ないという意識を持ちがちであるが、住民意識が浸透してくると、客を迎えるために海岸や町の自主的清掃が始まったりして自分たち自身にとっても、きれいで住みやすい地域に変えていこうという努力が図られたりしている。そうして、それまで何も誇れるものがないと思っていた地域に対して、地元住民が普段行っている暮らし自体が都市住民には珍しく、誇れるものなんだと自信を深めることでツーリズム活動を手伝う農漁家の増加のみならず、わずかではあるが次世代が都会からUターンして家業を継ぐ例もみられた。

　第2にツーリズムを維持・活性化させていくために不可欠なのが、メニューの拡充である。これには小離島のような地域では難しい面があるが、複数の離島などを組み合わせて、縦割り行政に頼らない大地域で連係する組織作りを考えることが重要である。メニューを増やすためには、グリーン・ツーリズムや既存観光施設、地域の目玉企画との融合な

ど使える物は何でも使うことが大事になってくる。

　第3は、宿泊客の増加を図るために、農漁家民泊の拡大を進めることである。このためには、県によって現状に大きな違いがみられる条例の改正による規制緩和など、クリアすべき多くの課題があった。

　この他にも、都市住民を呼び込むための交通路線の整備や都市住民への宣伝広報活動、修学旅行企画を扱う旅行会社へのはたらきかけなど、特に距離のハンディが大きい離島地域においてツーリズムを推進していくためには多くの乗り越えねばならない課題があるが、青島のように住民の意識を高めることができれば、地域活性化という点では大きな成果が期待できよう。

注：
1) 水産庁「漁村へGO」2008、http://www.gyoson-go.com/
2) 中村周作「ブルー・ツーリズム導入による漁村振興の展開―壱岐市勝本地区の事例―」人文地理学会大会研究発表要旨集。中村周作編『日向・入郷地区へのブルー＆グリーンツーリズム導入と展開の可能性を探って―先進事例地域、壱岐市勝本地区の実態調査をもとに―』宮崎大学教育文化学部経済地理学ゼミ研究報告書、2006、172-182頁。なお、勝本地区における調査は、2005年8月に行った。宮崎大学教育文化学部経済地理学研究室の学生7名と一緒に、市水産課、漁協観光部、区長、漁業者、ツーリズム関係者への聞き取り調査、体験観察調査、全戸聞き取り調査を行った。
3) 調査は、2007年9月に概要調査を行った上で、2008年8月に青島地区での集中調査を行った。青島地区では、宮崎大学教育文化学部経済地理学研究室の学生5名と一緒に、副区長、漁業者、ツーリズム関係者への聞き取り調査、体験観察調査、全戸聞き取り調査を行った。
4) ちなみに、青島地区には全体リーダー（第3段階修了者）が1名、地域リーダー（第2段階修了者）が2名の他、民泊受入者と体験インストラクターの全てが第1のコース修了者である。

（中村周作）

V. エコツーリズムの展開と住民評価
西表島（沖縄県）
（いりおもてじま）

1. エコツーリズムとは

　最近、旅行会社がエコツアーなる商品を販売して、これが大人気だという。旅行パンフレットからそのツアー内容をみてみると、カヌーを漕いだり、クジラを見たりする旅行が企画されている。エコツアーはエコツーリズムという考えや理念に基づいた旅行の形態であるが、そもそもエコツーリズムとはどのような観光の考え方なのだろうか。

　真板[1]によると、エコツーリズムという考え方は1972年にスウェーデンの首都ストックホルムで開かれた国連人間環境会議における議論と問題提起がきっかけになっているとしている。その後、1992年にブラジルのリオデジャネイロで開催された地球環境サミットを受けて、「持続可能な観光（sustainable tourism）の創出が世界的課題となった。その具体性を持った1つの流れとして、特に生物多様性の保全に着目した姿がエコツーリズムであった」と述べている。

　2000年代に入り、エコツーリズムという言葉も定着した感があるが、その定義は多様であり、研究者の数だけ定義があるといった状況になっている。多様な定義がある中で、各定義に共通する概念として、エコツーリズムは環境に与える影響を最小限にとどめ、持続可能性を意識した観光形態といえよう。ただし、エコツーリズムを行う目的や、環境に対する意識や責任に対する認識は、定義ごとに大きな違いが見られる。このように、エコツーリズムに対して各人がそれぞれの定義や認識を

持っているため、後述するようにエコツーリズムによる観光形態を地域に導入した後、それがエコツーリズムであるとか、ないとか、という論争に発展する恐れが出てくる。

　筆者は、エコツーリズムを環境保全に配慮した観光形態と定義する。そして、エコツーリズムには経済波及効果や雇用効果の側面もあるが、それらはあくまで二次的なもの、あるいは環境保全をより円滑に行うための潤滑油であり、それらをエコツーリズムの主たる目的にすべきではないと考えている。

　ところで、このようなエコツーリズムによる観光は、日本に導入されてからまだ日が浅いため、これに対する学術研究、特に地理学分野における蓄積も十分でない状況にある。そこで本章では、日本でもエコツーリズムの先進地として知られる沖縄県の西表島を事例として、エコツーリズムという新しい観光の考え方がどのように島に導入・受容されたのか、エコツアー業者を含めた自然体験型観光事業者が島のどの場所に立地してどのような活動を行っているのか、エコツーリズムによる島の観光化を地域住民はどのように評価しているのか、という各課題を検討することを通して、この離島に吹く新しい風であるエコツーリズムの地域的現状を明らかにすることを目的とする。

2．西表島におけるエコツーリズムの導入と進展

　研究対象地域である西表島は、沖縄県八重山郡竹富町に所属している。日本の有人離島の中では南西端に近い位置にあり、島の西部には、東経123度45分6.789秒という特別

写真5-1　子午線モニュメント（廣瀬　孝撮影）

V. エコツーリズムの展開と住民評価 ―西表島(沖縄県)― 73

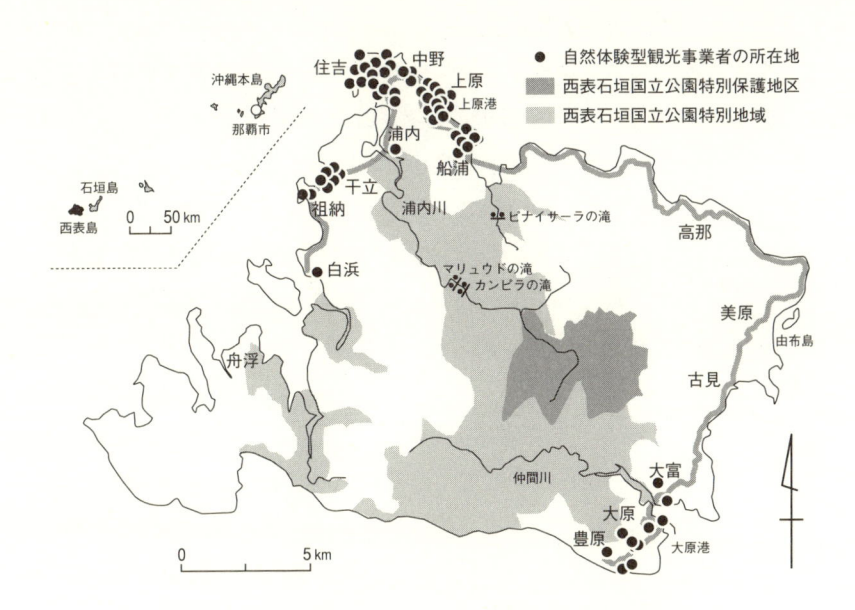

図 5-1 西表島の位置と自然体験型観光事業者の所在地

な数値の経線が通っている(**写真 5-1**)。

西表島の概要をみてみる(**図 5-1**)。島の面積は 289.3 km² で、沖縄島に次いで県内第 2 位の広さを有している。それに対して人口は 2,347 人(2005 年)で、人口密度は 8.1 人/km² と極めて低い。島の年平均気温は 23.7 度、年平均降水量は 2,342 mm を記録している[2]。このような高温多湿な気候のもとで、島にはイリオモテヤマネコやサキシマスオウノキ(**写真 5-2**)など貴重な動植物が生育している。また、文化面では祖納(そない)集落の節祭(シチ)や古見集落のアカマ

写真 5-2 サキシマスオウノキ(廣瀬 孝撮影)

タ・クロマタなど独特の伝統行事が数多く行われている。

　古来より西表島は、マラリア発生地として人の定住が困難な島であった。歴史的に何度も開拓や開発が試みられるが、その多くは失敗に終わっている。そのため西表島には魔境とか絶海の孤島といったイメージがついてきた。しかし、1970年ごろに始まる離島ブームや秘境ブームでは、逆にこのような手つかずの自然環境や素朴な文化が魅力的な観光資源となり、多くの観光客が島を訪れるようになる。1990年代後半以降に沖縄ブームが起こると、さらに観光客が増加し[3]、なかには日本本土から島に移住する者も現れてきた。

　西表島へは日本本土や沖縄本島から直接訪れることはできない。まず、飛行機で八重山諸島の中心地である石垣島に行き、石垣港離島ターミナルから高速船に乗り換える。船は竹富島や小浜島などの島々を横目に見ながら進み、約40分後に西表島に到着する。石垣島から西表島の東部・大原港とは1日25往復、西部・上原港とは1日21往復の高速船で結ばれており(2009年5月現在)、石垣島からの交通アクセスは極めて良いといえよう。

　さて、このような島にエコツーリズムの理念を前面に打ち出した動きは、1990年に環境庁(現環境省)が「国内エコツーリズム推進方策検討調査」の候補地として西表島を取り上げ、1992年に調査を行ったことが契機となっている。その後、島内ではエコツーリズムへの理念に賛同する住民を中心に、1996年5月に西表島エコツーリズム協会が発足した。エコツーリズムに関する日本初の協会である。このこと自体がエコツーリズムの推進にとって画期的なことといえるが、西表島におけるエコツーリズムの源流はもっと古く、その考えを含んだ取り組みは1970年代にすでにみられた。西表島エコツーリズム協会のホームページにはそのあたりのことについて、「設立の経緯」で次のように説明している[4]。

　　沖縄の本土復帰当時、八重山は開発の圧力の中にありました。土地は買収され観光開発も盛んに行われました。「このままでは島が失わ

れる。」危機感を感じた島の青年たちと研究者が『西表をほりおこす会』を結成し、島おこし運動を始めたのが1975年。その中で提案されたのが、島の自然や文化を保全しつつ、それらを生かした観光、すなわち今で言うエコツーリズムだったのです。

このように、西表島のエコツーリズムは、島の外部から持ち込まれた新たな観光手法を島の住民が一方的に受容・実践したのではなく、すでに30年以上も前に問題意識の高い住民と研究者による島おこし運動が行われており、その理念がエコツーリズムの概念を先取りしていた、ということである。そのため1990年代に入り、環境庁や運輸省などの行政が日本にエコツーリズムを政策的に導入しようとした際に、西表島は比較的スムーズに対応できたと考えられる。日本の南西端に位置する小さな島で地域住民が独自に実践していたことが、実は世界的にみても先進的で普遍的な価値観を含んでいたと評価できよう。

西表島エコツーリズム協会の正会員は、2009年5月現在で34名である。設立当初から会員制度を設けており、西表島在住者のみが正会員になる資格を有している。正会員の職業は、ダイビング事業者が5名、カヌー・カヤック事業者が9名、ツアーガイドが4名、その他の観光事業者が3名、宿泊施設事業者が10名、非観光事業者が5名である[5]。このほか、島外で協会の活動をサポートする賛助会員が2008年度では20名いる。

2002年4月に完成した西表島エコツーリズムセンターは、竹富町から西表島エコツーリズム協会に運営が委託されており、そこを拠点に様々な取り組みがなされている。例えば、毎日開催している環境教育プログラムのほか、島の海岸の清掃活動を通して環境を考えるビーチクリーンアップ大作戦、地球規模でサンゴ礁の健康状態を把握する活動の一環として行われるリーフチェック、身の回りの素材を使って様々な生活用具を作ってきた先人の知恵を学ぶ手業講習会、そして自然観察指導員(インタープリタ―)の養成講座を開催するなど、多彩な活動を展開している。

このほか協会の重要な活動として、「沖縄における環境保全型観光促進事業検討委員会」「西表島森林生態系保護地域設定委員会」「オオヒキガエル防除対策会議」など行政が主催する各種会議・委員会に参加することが挙げられる。このような会議に委員として出席していることは、この協会が環境分野や観光分野における重要なステークホルダー(利害関係者)として行政から認知されていることを表している。そして、協会は会議への参加を通じてエコツーリズムの理念を少しでも政策に反映させているのである。

エコツーリズム協会以外でも、西表島では環境保全型観光の取り組みがなされている。例えば、2004年2月には沖縄県の働きかけで「仲間川地区保全利用協定」が遊覧船事業者2社とカヌーガイド事業者3社との間で結ばれた。これは動力船が引き起こす引き波がマングローブ林の倒木につながっている、という環境省の調査結果を踏まえたものである。

西表島観光は夏のイメージがあるが、実際は旅行代金が安く暖かい冬がピークである。この時季に一般団体客や修学旅行客などが大量に石垣島からの日帰り観光で島を訪れる。このような日帰り団体観光の場合、石垣島との高速船ダイヤの関係で西表島滞在時間が短くなる。そのため、時間がかかり少人数しか楽しめないカヌーではなく、多人数を運べる動力船での遊覧が中心となる。実は西表島観光は大衆化されたマスツーリズムの側面が強いのである。特に冬のピーク期は、多くの観光客を短時間で遊覧させることを旅行代理店が求めた結果、遊覧船会社は動力船の運航回数を増やし、運航速度を上げて対応してきた。そのため、動力船が起こす引き波によるマングローブ林への影響が問題視されてきた。

「仲間川地区保全利用協定」では、「自然環境」、「安全管理」、「地域住民の生活・伝統文化」などへの配慮事項が定められている。特に自然環境への配慮については、1) 動力船の速度を最高20ノット(約37 km/h)に抑える　2) 1時間当たりの船の使用を10隻までに制限する　3) 河川

や海での食器類の洗浄の禁止、などが取り決められた。2007年からはこの協定も更新され、さらに2ストロークエンジン船の使用自粛、徐行区間の拡大などが盛り込まれている。

また、1998年に結成された西表島カヌー組合(組合

写真5-3 マングローブも観察できる仲間川
(廣瀬 孝撮影)

員33業者)では、組合内で独自の自主ルールを定めている。ルールは年度末の総会で必要があれば改定しており、2009年度では、1) 1業者が案内できる人数は1日14人までとする 2) ガイドは水難救助の知識を身につける 3) ガイドは腕章を必ず着用する、などが決められている。特に、1) は環境保全への具体的な取り組みであり、人数制限に違反した場合はハイシーズンの営業停止、または組合からの除名などの罰則が付いている。このように、西表島では様々な観光事業者が環境保全を意識した旅行形態を模索しているのである。

3. 西表島における自然体験型観光事業者の活動状況

ここでは、西表島でエコツーリズムも含めて自然体験型観光を展開している観光事業者(以下、事業者)に着目し、その分布、属性、ツアーの状況について見てみる[6]。2009年5月現在で、西表島に所在している事業者は64業者を数える。その分布は前掲の図5-1のとおりである。また、事業者の所在集落、事業代表者の出身地、ツアー内容、兼業事業の有無などについて、事業者のホームページを検索して**表5-1**にまとめた。

まず、事業者の分布を見てみる。一般的に西表島は大きく豊原から高那までの東部と、船浦から舟浮までの西部に地域区分される。事業者は

表 5-1　自然体験型観光事業者の概要

地区	集落名	事業者数	代表者出身地		ツアーの内容			
			県外	西表島	C	T	D	S
東部	豊原	3	3	0	3	3	1	2
	大原	5	3	2	3	4	0	1
	大富	3	2	1	3	1	0	0
西部	船浦	7	6	1	5	3	2	3
	上原	14	12	2	7	2	7	2
	中野	4	2	2	3	2	1	2
	住吉	15	9	6	9	7	5	7
	浦内	4	3	1	3	3	1	1
	干立	6	4	2	3	3	1	2
	祖納	2	1	1	2	1	0	1
	白浜	1	1	0	1	0	1	0
	総計	64	46	18	42	29	19	21

C：カヌー・カヤックツアー　T：トレッキングツアー　D：スキューバダイビングツアー
S：シュノーケリングツアーをあらわす。（事業者のHPおよび聞き取りより作成）

　東部に11業者、西部に53業者が所在しており西部に多いと言える。西表島(はいみだ)の観光資源も、仲間川や南風見田の浜などがある東部と、浦内川やピナイ川、星砂の浜などがある西部に大きく分かれている。そして、東部の事業者は主に島の東部で、西部の事業者は西部で、それぞれをホームグラウンドにして活動する傾向がみられる。東部は先述したとおり、主に団体客が仲間川を遊覧船で観光するパターンが中心であるのに対して、西部は個人客が浦内川やピナイ川をカヌーやトレッキングをしてマリュウドの滝やピナイサーラの滝に向かうツアーが確立している。そのため、必然的に西部に事業者数が多くなると考えられる。さらに事業者の所在地を集落別に見ると、西部の住吉が15業者と最も多く、次いで上原(14業者)、船浦(7業者)、干立(6業者)と続いている。
　事業代表者の出身地は、西表島出身者が18業者、沖縄県外出身者が46業者となっており、県外出身者が約7割を占めている。県外出身者は自然環境などに惹かれて西表島に移住後、既存事業者のもとでツアーガ

イドやダイビングガイドを経験し、その後に独立して事業所を開設する者が多い。彼らの属性は、主に五大都市圏出身者で大学を卒業した高学歴者であり、自らの観光事業に対するポリシーをしっかり持った個性的な人が多い、という傾向がみられる。県外出身者が最も多い集落は上原の12業者である。また、豊原や白浜の事業者は全て県外出身者が経営している。一方、西表島出身者は住吉の6業者が最多となっている。

　出身地の違いは事業形態にも現れてくる。西表島では自然体験型ツアーのみを行っている専門事業者は43業者であり、残り21業者はツアーガイド以外にも事業を行っている。最も多い兼業事業は、民宿など宿泊施設の経営で16業者が行っている。このほか、レンタカー事業(4業者)をはじめ、喫茶店、物産販売店、居酒屋、農園、路線バスなどを経営している事業者もいる。特に西表島出身18業者のうち、12業者が兼業事業を有している。いずれも観光に関連した事業なので、例えば、自然体験ツアーのガイドをした観光客を同じ事業者が経営する民宿に宿泊させることで、ガイド料のほかに宿泊料を得ることが可能となる。このような複合経営が西表島出身者に多くみられるのは、路線バス会社やレンタカー会社など地元企業がガイド事業に進出していること、西表島出身の一般住民は土地や建物、船、車などの資産をすでに所有しており、民宿などが容易に開設できるためである。これが県外出身者の場合は、初期資本が少ないこと、ガイド業を専門に行いたいと考えている者が多いことなどから、複合経営が9業者にとどまっていると考えられる。

　ツアー内容を見てみると、カヌー・カヤックツアー、トレッキングツアー、スキューバダイビングツアー、シュノーケリングツアー、その他のツアーに大きく分類される。

　最も多く設定されているツアーは、カヌー・カヤックツアーで42業者が扱っている。仲間川やピナイ川をさかのぼる数時間程度の初心者コースから、外洋に出て色々な島を何泊もキャンプをしながら巡る上級者コースまで観光客のレベルに応じたツアーが用意されている。トレッ

写真5-4　仲間川でのカヌーツアー
（廣瀬　孝撮影）

キングツアーは29業者が扱っており、こちらも浦内川の遊覧船を降りた後にマリュウドの滝まで40分程度山道を歩くツアーから、西表島を縦走する本格的ツアーまで揃っている。スキューバを用いたダイビングツアーを扱う業者は19業者で、西表島周辺のスポットにて珍しい魚類や珊瑚などで構成される海中景観を案内している。ダイビングツアーを扱っている西表島出身事業者は3業者しかおらず、この分野は県外出身者に特化しているといえる。スキューバダイビングを行わず、シュノーケリングツアーのみを扱っている事業所は21業者である。鳩間島やバラス島周辺でのシュノーケリングが人気で、往復の送迎をするだけでもツアーが成り立つので、西表島出身事業者も参入しやすい分野である。その他のツアーは、季節限定で珍しい動植物を観察するツアーや漁業体験ツアー、集落散策ツアーなどがある。

このように、西表島には多くの観光事業者が様々な自然体験ツアーを提供している。観光客は旅行会社のパンフレットを見たり、事業者のホームページや旅行ガイドを調べたり、あるいは口コミなどで評判の事業者のツアーに参加していくのである。

4．エコツーリズムに対する住民評価

さて西表島では、エコツーリズムに対して住民はどのように評価しているのだろうか。ここでは2002年に筆者が実施した西表島全世帯を対象にしたアンケート調査の結果から考察してみる。

表 5-2　住民特性別評価得点

	エコツーリズムの展開は島の環境保全に貢献していると思う。	エコツーリズムの展開は島の観光の発展に貢献していると思う。	エコツーリズムの展開は島の雇用や所得の増加に貢献していると思う。	島のエコツーリズムは地域が主体性を持って展開してきたと思う。
西表島合計	3.14	3.45	2.95	2.87
○地区別				
東　部	3.26	3.42	2.88	2.90
西　部	3.07	3.47	2.99	2.85
○性　別				
男　性	3.10	3.42	2.90	2.88
女　性	3.19	3.48	3.00	2.85
○年齢階級別				**
20～30歳代	3.06	3.55	2.92	2.77
40～50歳代	2.81	3.23	2.80	2.63
60歳以上	3.67	3.66	3.19	3.31
○出身地別	**			*
西表島内	3.44	3.49	3.07	3.03
県内他市町村	3.44	3.59	3.05	3.24
県外都道府県	2.83	3.37	2.83	2.63
○観光収入の有無別	*		*	
観光から直接収入あり	3.20	3.64	3.19	2.95
観光から間接収入あり	3.50	3.50	2.92	3.13
観光から収入なし	2.91	3.23	2.71	2.69

クラスカル・ウォリス検定　＊は5％水準で有意、＊＊は1％水準で有意。
（アンケート調査より作成）

　評価の観点については、敷田ほか[7]のエコツーリズムの構造モデルを参考にする。敷田らのエコツーリズムの構造モデルは環境の保全、観光の発展、地域の振興、地域の主体性の4要素を踏まえた三角錐型モデルである。そのため、エコツーリズムの評価はそれぞれの要素が達成されているのかが観点になる。アンケート票は西表島の全住宅に2枚ずつ配布し、記入後に郵送返却してもらうという方法をとった。配布住宅数

652 のうち、158 世帯から、のべ 241 枚の回答を得た (世帯回収率は 24.2 %)。

各質問項目に対して、5：全くそうだと思う、4：ややそうだと思う、3：なんともいえない、2：ややちがうと思う、1：全くちがうと思う、までの 5 段階で評価してもらった。質問項目ごとに単純集計をした後、評価得点を算出した[8]。評価得点が 3.00 を超えると、その質問項目は肯定的に、3.00 未満だと否定的に評価されていることになる。アンケートの結果を **表 5-2** に掲載した。回答者の年齢階層や職業などの特性が違うとエコツーリズムに対する評価にも違いがみられるかを、クラスカル・ウォリス検定[9]という方法で確認した。

まず、「エコツーリズムの展開は、島の環境保全に貢献していると思う」という質問に対しては、評価得点は 3.14 なので全体的には非常に弱い肯定評価となる。全くそうだと思うと、全くちがうと思うの回答数がほぼ同数なので、エコツーリズムの環境保全への貢献を巡っては住民間で相反する評価が下されている、といえる。

これを住民の特性グループ間で評価に違いがあるのか検定結果をみてみると、アスタリスク (*、**) で示した出身地別および観光収入の有無別でグループ間に違いが確認できた。すなわち、この質問に肯定的な評価を寄せたのは、西表島や竹富町を出身とするグループ、観光から間接収入があるグループである。西表島に生まれ育った旧住民たちの中には、経済的豊かさを追求する開発派の立場の人も多いと予想される。そのような立場の人からすると、エコツーリズムの理念は、自然保護運動と同一に映るのではないだろうか。

一方、県外出身者、観光収入のないグループからは、エコツーリズムの環境保全への貢献には、懐疑的な評価が下されている。西表島の豊かな自然環境に惹かれて定住している県外出身者の中には、島で行われているエコツアーと称するものが、理念とはかけ離れて自然に悪影響を与えている、と危惧している人が多いのではないだろうか。

「エコツーリズムの展開は、島の観光の発展に貢献していると思う」という質問については、ややそうだと思うを選択した人が最も多く、全くそうだと思うを合わせると、エコツーリズムの観光への貢献を肯定する人は過半数を超えている。評価得点は全質問の中で最も高い3.45だが、これでも肯定評価は低いといえる。特性別によるグループ間の差異はいずれも認められない。石垣島からの団体旅行客の周遊型日帰り観光が多い西表島にとって、エコツーリズムは、観光の多様性を持たせる「もう1つの観光」ではあるが、観光としての評価はあまり高いとはいえない。

　地域への経済効果に関する質問「エコツーリズムの展開は、島の雇用や所得の増加に貢献していると思う」については、なんともいえないの選択肢が最多回答であった。全くそうだと思うと、ややそうだと思うを合わせた肯定派の数と、ややちがうと思う、全くちがうと思うの否定派の数はほぼ同数である。評価得点は2.95なので、極めて弱い否定評価といえる。これに関して、観光収入の有無により特性間で差異が認められた。すなわち、観光から直接収入を得ているグループの評価が相対的に高く、観光から収入を得ていないグループの評価が低いのである。これは観光業に関わっていない一般の住民にとってエコツーリズムによる経済効果はあまり認められていないことを表している。エコツアー事業者はいずれも零細経営であり、エコツアー自体、少人数の観光客をガイドする形態であるため、住民には経済的波及効果は実感できない、と評価されているのである。

　最後に、「島のエコツーリズムは、地域が主体性を持って展開してきたと思う」を問うた。ややちがうと思うと、全くちがうと思うを合わせた否定派が多く、評価得点2.87は全質問項目の中では最低点となった。検定の結果、年齢階級別、出身地別にグループ間で評価に差が認められた。特に若い世代や県外出身者に否定感が強い。

　以上のようなアンケート結果から、次のことが確認できる。西表島で

のエコツーリズムに関する地域住民の評価は、環境の保全、観光の発展については弱い肯定、地域への経済効果、地域の主体性については弱い否定という結果になった。いずれの質問に対しても、なんとも言えないと態度を留保する回答が多く、評価を下すこと自体が難しかったことが伺えた。その理由として、事業者は県外出身者が多いこと、マスツーリズムと比較するとエコツーリズムの影響が見えにくいことなどが考えられよう。

5. おわりに

本章では日本の南西端近くに位置し、かつては秘境や孤島といわれた沖縄県西表島が、島嶼性に基づく豊かで固有の自然や文化を生かして、世界的に新たな観光形態の1つの潮流であるエコツーリズムを導入・受容していった状況、エコツアーを含めた自然体験型観光事業者の現状、そしてエコツーリズムに対する住民の評価を明らかにした。

先述したとおり、西表島では30年以上も前に住民たちと研究者による自主的な島おこし運動が先にあり、それが1990年代に行政が推進したエコツーリズムという新たな観光理念とマッチしていたため、島で受容・実践されていったといえる。ただし、住民アンケートでは島の住民が主体的には関わっていない、という認識・評価がされていた。

ところで、特に県外出身の観光事業者たちの中には、エコツーリズムという言葉を極度に嫌う人々がいる。彼らに聞き取りをすると、例えば、「エコツアー業者の中には、大勢のお客をガイドして自然を破壊している者もいる。自分も彼らと同じと見られるのは嫌だから、エコツーリズムをしているとは言わない」とか、「島の自然が大事なのは当たり前で、それをわざわざエコツアーとかエコツーリズムとか言ってやるのはおかしいです」さらには、「西表島における現実のエコツーリズムはエゴツーリズムで、研究者がそんなものを外から持ってきて持ち上げるから

V. エコツーリズムの展開と住民評価 —西表島(沖縄県)—

この島がますます悪くなるのだ」という発言まであった。中にはホームページでわざわざ「非エコツーリズム」とか「エコツアーはやっていません」などと書いている事業者もいる。

このような「非エコツーリズム」派のほとんどは、西表島の自然環境を守り、本物の自然や文化を観光客に見せたいという気持ちが強いガイドたちで、実はそれこそがエコツーリズムの理念を実践している事業者ともいえる。エコツーリズムというのは、最初に述べたようにその定義が曖昧なうえに、エコという耳障りのよい言葉が入るため、それを実践した場合、「あのツアーはエコではない」などという批判が各方面から噴出しやすい。そのため、事業者の中にはエコアレルギーを起こし、エコツーリズムの理念には賛同しても、それとは距離をおく人が出てくるのである。また、自然体験型観光事業者の中には、自分流のツアー理念を持っている人が多く、それをエコツーリズムという枠にはめられたくない、という気持ちの業者もいる。

西表島におけるエコツーリズムが今後どのようになるのかは予測がつかないが、西表島の自然環境が年々悪化していることは、環境省や林野庁の各調査で明らかになっている。これには地球温暖化や台風などの影響もあるが、観光客によるオーバーユースといった人為的な面も指摘されている。その対策として、竹富町は西表島全島を国立公園区域に指定するよう国に要望しており、国立公園法に基づいて島の観光利用を規制する方向を検討している。

狭小性を特性とする離島は、自然環境の脆弱性が強い空間なので、環境を保全する観光形態をさらに模索する必要がある。それをエコツーリズムと呼ぶのか呼ばないのかは別として、島内でも大きな流れになってきていることは確かである。筆者は2008年4月に施行したエコツーリズム推進法を活用したうえで、観光客の総量規制やゾーンニング(用途別の区画)、法定外目的税の導入なども模索すべき段階に来ていると思っている。それには、行政のほか、エコツーリズム協会やカヌー組合といっ

た西表島の関係者だけではなく、観光客を送り込んでくる大手旅行代理店も含めて組織的な取り組みが必要だと考えている。

注：

1) 真板昭夫「エコツーリズムの定義と概念形成にかかわる史的考察」(石森秀三・真板昭夫『エコツーリズムの総合的研究』国立民族学博物館、2001) 15-40頁。
2) 年平均値は1970-2000年の平均。なお、最寒月平均気温は1月の18.5度なので、ケッペンの気候区に当てはめると、西表島はAf気候(熱帯雨林気候)に該当する。
3) 2006年度の西表島入域観光客数は39.2万人であった。沖縄県企画課『離島統計資料』2006年度版による。
4) http://www10.ocn.ne.jp/~iea/iea/iea.html#1 (2009年5月1日検索)
5) 複数の事業を展開している会員がいるため、各職業の合計は正会員数35名より多くなる。
6) 自然体験型観光事業者のうち、エコツーリズムを実践しているエコツアー事業者を客観的に抽出することは困難である。そこで本節では、すべての自然体験型観光事業者を対象とした。そのため、利益優先で環境保全に関心が低い業者も含まれている。
7) 敷田麻美・森重昌之・新　広昭・佐々木雅幸「エコツーリズムの発展過程と構造モデル」(石森秀三・真板昭夫『エコツーリズムの総合的研究』国立民族学博物館、2001) 111-128頁。
8) 全くそう思うを5点とし、全くそう思わないまでを1点ごとに点数化し、総和を回答者数で除した平均値を評価得点とした。
9) 3つ以上のグループ間に差があるかどうか知りたいときに行うノンパラメトリック検定の1つである。なお、ノンパラメトリック検定は正規母集団という大前提なしにおこなえる検定法である。石村貞夫・デズモンド＝アレン『すぐわかる統計用語』東京図書、1999、72頁。

(宮内久光)

Ⅵ. エミュー牧場を経営する漁業の島
蓋井島(ふたおいじま)(山口県)

1. はじめに

　日本の多くの島々では、1960年代以降、経済の高度成長によって若者が流出し衰退した地域となり、同時に高齢化が進展し活気が失われた。その後、居住空間としての島では、質素ながら漁業や農業を中心とする営みが続けられてきたが、近年、一層の高齢化によって徐々に集落(島)での生活活動の継続が困難な状況も見られるようになった。

　このようななかで、何とかして島の活気を少しでも取り戻せないかと模索し、数人の島民が、まったく異業種ともいうべき、オーストラリアの草原に生息する大型の鳥である「エミュー」を導入し、牧場を開いた小さな島がある。現在、島の人口より多い100羽を超えるエミューが飼育されている。

2. 蓋井島と漁業

(1) 蓋井島の概況

　エミューの島として知られるようになった蓋井島は、山口県下関市に属し、響(ひびき)灘に浮かぶ面積 2.35 km^2、周囲 10.4 km の小さな島である。大山(252 m)など急峻な山が多く、常緑広葉樹などの暖地性植物で覆われている。また、海岸の多くは急傾斜の海蝕崖によって囲まれ、集落は北西の季節風を避けるかのように島の南側のわずかな平地と傾斜地に立地

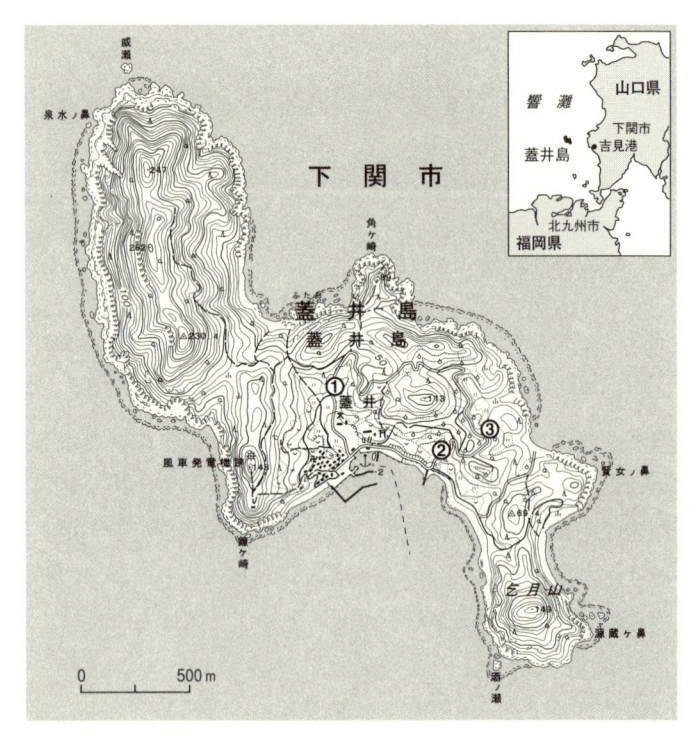

図 6-1　蓋井島のエミュー牧場(①②③)
(2 万 5,000 分の 1 地形図「蓋井島」国土地理院発行、2006 年更新、× 0.75)

写真 6-1　下関市・吉見港に停泊中の蓋井丸

している。その背後の山には「山ノ神」を祀る信仰の森があり、7年ごとに神事が行われる[1]。島へは市営渡船、蓋井丸(50トン)が吉見港から海上12kmを35分で結び、夏季には1日3往復、冬季には2往復している。

島の人口は、住民登録人口では105人、世帯数38であるが、島外に出ている場合も多く、実際の居住者はこの数値より少なく100人を下回る。かつて昭和30年代には、人口は200人を超えていたが、その後は減少の一途をたどり、1975年には149人、1985年には139人となり、2000年には123人に減少した。また、高齢者率は年を追うごとに高くなり、現在は34％である。この数値は、離島としては、それほど高くないとも思えるが、蓋井島の場合、医者がいないため健康に不安を持つ独居老人が早めに島外に出ることも影響している。現在では45歳以上の人口が7割を占め、島内で若者を見かけることは少ない。

教育機関は1883年(明治16)創立の蓋井島小学校があるが、1970年代より児童数が減少を続け、とりわけ2003年以降は全学年で10人を下回り、現在では全学年でたった1人(2年生)となっている。中学校は本土の吉見中学校に通うが、島からの通学は渡船の欠航があり不可能なため本土の寮から通学する。

島の商業施設としては、漁協が経営する漁民センター内に商店が1軒あり、集落の中に民宿が5軒ある。民宿は、砂浜がないので夏季の海水浴客は期待できず、多くを周年の釣り客に依存している。このように島での就業先は、漁業と農業、漁協や市営渡船などの職場しかなく必然的に島外へということになる。このうち農業は1990年頃まで米のほか、みかん、ツワブキなどの野菜を栽培し出荷していたが、現在では自給用の耕作地が大半となっており、今日の生活支持基盤の産業は必然的に漁業のみとなる。

(2) 蓋井島の漁業生産

近世、農業を生業の中心としていた蓋井島の人々は、明治以降、海へ進出し半農半漁の時代を経て、第二次世界大戦後、本格的に漁業を本業

とした。その形態は、個人漁業の一本釣りと採貝・採藻が中心であったが、これに1961年(昭和36)から漁業協同組合が運営する大型定置網漁業が加わった。

一本釣りは、個人漁業の周年操業で経営体も多く島の中心漁業である。このほか冬季には建網漁も行われている。

図6-2に、定置網の共同漁業や採貝・採藻を除く漁業を

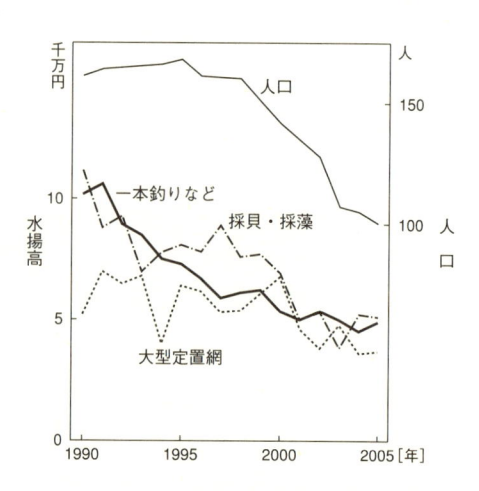

図6-2 漁業水揚量と人口の変化

一本釣り漁業などとしてまとめ分類したが、水揚高は激減を続け現在は1990年の最盛期の半分となっている。採貝・採藻は素潜り漁と磯見漁で行われ、前者の素潜り漁は、毎年、夏季の7月から9月末まで、若者から老人まで男女25人ぐらいが体力に合わせて従事し、アワビ・サザエ・ウニなどを採取する。磯見漁は冬季の12月から4月まで行われ、船からの「ホコ」を利用しアワビ・サザエなどを採取する。このほか春には岩場のノリやヒジキなども採取する。船の燃料費もほとんどかからず経費が不要とも言え、女性を含めて多くの漁民が従事し重要な収入源の1つになっているが、これも水揚高は最盛期の半分に減少した。

共同漁業である大型定置網漁業は、漁協の自営事業として運営されてきた。長年、2隻19人体制で運営されてきたが、新型漁船の導入によって省力化が図られ、現在は11人で年間操業を行っている。早朝に水揚げ作業を行うため、一本釣りとの兼業が可能である。漁業収益は、毎月、組合員に月給として分配する。この大型定置網漁業は、漁民にとって安定的な収入源として機能してきたが、イワシ、アジ、イカなどの減少によって水揚高が激減している。

Ⅵ．エミュー牧場を経営する漁業の島―蓋井島(山口県)―　　　91

写真 6-2　蓋井島の集落と漁船

　以上のように蓋井島の漁業生産は、1990年以降、水揚高の減少傾向が続き、近年では停滞している。この原因は、マクロ的には漁業資源の減少や魚価の低迷の影響であり、ミクロ的には、島での若者の流出による後継者不足と漁業者の高齢化によることが大きい。なんといっても、島での働き手が少なくなったことである。

3．新しい何かを求めて ― エミュー導入の背景と経緯

　一般に島は空間が狭小なため、資源の枯渇も早いこともあって、かつて生業は極めて複合的であったし、常にチャレンジとチェンジが必要であった。この伝統を蓋井島という小さな島でも感じることができる。
　島の中央の山腹に長い石積みが広範囲に渡って続き、何の跡かと不思議に思うが、これは、大正時代に島民が牛を飼育した牧場の囲いである。この島では、早くから子牛の繁殖経営が行われており、1960年ころまで放牛が行われていた。また、島のあちこちで見られるツバキは、昭和10年代から20年代にかけて椿油を生産するために植えたもので、その後、放置されていたが現在では大きな木に成長している。近年、椿油は自然の油として見直され、島でも再生産が始まり特産品として売られている。

1965年(昭和40)頃から1980年にかけては、瀬戸内海の島々と同様、ミカン栽培が盛んになり、斜面の森林を切り開いてミカン畑を作り農業用道路も整備された。現在、エミュー牧場へ通じる道路も、その時に開かれたものである。多くの漁業者が、ミカン作りに参入したが1990年頃には全国的なミカンの生産過剰による豊作貧乏に陥り、行政によってミカンの木の伐採への補助金が支給された。このため、島では、これを受け入れ多くのミカンの木を伐採し、この伐採跡の畑に山椒の木やツワブキを栽培した。1995年頃にはツワブキの栽培が盛んとなり、島全体で7トンを収穫、200万円程度の利益を得た。だが、現在は価格の低迷のため生産量は激減している。

　以上のように、蓋井島の島民は時代に対応しつつ、常に新しい何かを求めて、いろいろな仕事にチャレンジしてきた。本業である漁業については、後継者育成のために全国の漁村に先駆けて1974年(昭和54)から月2回の定期休業日を制度化した。これにより休日が増加したことから、都市の女性との交流事業も定期的に実施した[2]。具体的には島の青年会が、キャンプや運動会、魚釣、下関市内では社交ダンスの会やボーリング大会、ドライブなどを行った。このような活動によって島の若者と島外女性との結婚が増加し、島内では若い夫婦のプライバシーに配慮した「別棟(離れ)」の建設が進んだ[3]。子供が増え、減少を続けていた小学校の児童数が1990年代に入ると増加に転じ、1998年(平成10)には23名となった。現在の40歳代後半から60歳代にかけての既婚者の多くが、島外からの女性との結婚である。

　だが、島の花嫁・結婚ブームが去った1990年代に入ると、漁業の水揚高の減少と軌を同じくして若者が流出し、20歳代の人口は男女とも大幅に減少した。このため青年会の活動が縮小し、これまで行われてきた都市部の女性との交流事業も途絶えた。この影響は小学校の児童数に遅れて現れ、1998年にピークだった児童数は、わずか5年後の2003年には6名と激減したのである。

Ⅵ. エミュー牧場を経営する漁業の島—蓋井島(山口県)—

　島からの若者の流出、嫁不足、漁業水揚高の減少と続くマイナスの連鎖のなかで島の活気が失われていった。なんとかしよう、何か就業機会を増やすものはないかと考えた島民によって、オーストラリア国鳥であるエミューが導入されることになる。その1人で現在「蓋井島地域興しエミュー飼育部会」会長の中村求氏は、当初、ヒラメの養殖を考えたり、とにかく島興しにつながるならば何でも良かったと言う。たまたまテレビを見てダチョウのことを知り、島の水田や畑が放棄され、荒れ地になっていることから、これらの土地を利用し、ダチョウを飼育することで地域の活性化につながらないだろうかと関係する本などを取り寄せていた。当時、ダチョウ飼育は、関東地方を中心に広がりを見せ飼育数も急増していた。

　2002年(平成14)に山口市で開催された博覧会の「きらら博」、その会場にエミューが飼育されていることを偶然知り、早速、このきらら博に関わり、鳥類の知識に詳しい下関市菊川町の願王寺の住職である西村文成氏にエミューの輸入を依頼した。西村氏は、エミューの卵20個をアメリカから輸入したが、ほとんどが割れていた。再度、輸入し卵を孵化させ、どうにか成鳥まで育ったのはわずか8羽であった。飼育方法も暗中模索の状況でやっている最中、エミューで島おこしというユニークな取り組みを地元のテレビ局が取り上げ放映した。

　この反響は大きく問い合わせが相次ぐなか、エミューが国鳥の国、オーストラリア領事館(福岡)からエミュー牧場に協力の申し出があり、4人の経営者はオーストラリア・アデレード近郊のエミュー牧場とオイル工場に招待され、つぶさに本場の牧場と工場を見学することができた。

　マスコミにエミュー牧場が取り上げられることによって、エミューに関する情報量は増加した。当初、エミュー肉の利用を考えていた島民は、屠殺に関わる法的規制が多く、エミュー肉の出荷は無理と判断し、卵の採取と鳥肉はオイル生産に振り向けることになり、これまた、試行錯誤を繰り返しながら空家を手作りの加工場とし、オイルの生産を開始

したのである。

4．エミューとオイル

(1) エミューとは

　エミューは、ダチョウに次ぐ大型の鳥で体高は1.6～2.0m、体重40～60kgもある。翼が退化しているので飛べないが走る速度は速い。オーストラリアの砂漠周辺や草原に生息し、雑食性で比較的おとなしく、先住民のアボリジニーは、エミューの肉や皮、油を利用してきた。その後、オーストラリアに移住してきたヨーロッパ系の人々は、エミューを畑を荒らし、牧羊に対する害鳥とみなし、積極的にエミューを輸出するなど撲滅を招きかねない政策をとってきた。このためエミューの数は激減するに至り、オーストラリア政府は、一転してエミューの保護に乗り出し輸出禁止動物に指定した。

　これに対して、かつてオーストラリアからエミューを輸入したアメリカやフランスでは、商業的飼養が普及し、エミュー肉は一般流通市場で売られるまでとなり飼育数は増加した。日本では、エミューよりもダチョウの飼育の導入時期(1988年)が早いこともあり、ダチョウの飼育が圧倒的に多い。全国450カ所以上で飼育され、その数は1万羽に達すると推定される。これに対しエミューの飼育は動物園を除くと、北海道の網走や奄美の沖永良部島、それにここ蓋井島などわずかである。

写真6-3　エミュー牧場③—成鳥の飼育

（2）蓋井島のエミュー牧場

現在、蓋井島でエミューを飼育している牧場は、集落の北に1カ所、500m位東に2カ所の計3カ所がある（図6-1参照）。そのうち集落に近い牧場①では、エミューの卵を孵化させ、誕生した雛鳥を飼育している。牧場では11月から翌年の3月まで、およそ200個の卵を採取するが、そのうち無精卵などの販売する卵を除き、孵卵器に36個の卵を入れて孵化させる。産卵シーズンに、この孵化を4回繰り返せば、計算上は144羽の雛が誕生することにな

写真6-4　エミュー牧場①──孵化から雛鳥の飼育

写真6-5　エミューの卵（緑色で約600gある）

る。ただ、作業の途中で卵が割れたり、孵化しない卵などもあり、また、雛に育っても鷹に襲われたりして成鳥になるのは3分の2程度である。雛鳥は半年から1年以内には②と③の牧場に移す。

飼料は野菜を作っている島民の人からもらったりすることも多く、農協などから購入する飼料は年間20万円程度である。それを3～4週間に一度、エミュー牧場の餌箱に入れておく。飼育やその管理は、さほど難しくはないが、問題はエミューの屠殺である。大型の鳥であるエミューの屠殺は、全くの素人であった島民にとって不慣れで大変な仕事であったが、本などからの知識を習得するなどし、どうにかやってきた。

現在、エミュー牧場の運営は「蓋井島地域興しエミュー飼育部会」の4

人の島民と、その家族が行っている。4人はエミューを導入してから、ずっと運営に携わってきた。本業は漁師、商店主、運搬船船長、渡船船長であり、それぞれ空いた時間を利用しエミューの世話をしてきた。子供(息子)も、それぞれ民宿経営、漁師などをやりながら運営に参加している。また、島民はエミュー飼育部会に出資し会員となり事業を支援している。出資金もわずかであり、会員には配当金もないが、生産したエミューオイルが会員価格で購入できる。このように無理をしない極めて柔軟な副業的経営であるといえる。

(3) エミュー・オイルの生産

エミュー・オイルは、オーストラリアでは先住民のアボリジニーも薬として使用していると言われる。脂肪酸が多く、浸透性が高いので近年ではスキンケアのオイルとしても広く注目され、オーストラリアからの輸入品も販売されている。

蓋井島では、このエミュー・オイルを飼育部会のメンバーが手作りで製造している。加工場は古い民家を借り、炊事場でエミューを解体し取り出した肉をミンチ状にしてビーカーに入れ、それをライトで熱してオイルを抽出し、さらにホットプレートを利用して加熱する。取り出したオイルはろ過して製品化するのである。

オイルの製造は、冬季のエミューが肥えた時期が適している。肥えたエミューでは、1羽から約5ℓのオイルが採取できる。夏季はエミューが痩せており、採取できる1羽からのオイルの量が5分の1まで減少するという。500mℓの販売容器で1羽から約100本分のオイルが製造できることになる。オーストラリアでは1羽から8ℓが採れるといわれ、エミューの肥育と製造工程の改善も必要かもしれない。容器には「笑み優―ふたおいエミュー牧場」というラベルをつけて、港近くの売店で1本1500円で販売している。また、インターネットでも注文を受け付け、宅配便で全国に送っているが、他地域のエミュー・オイルの製品価格と比べて安価に設定しており利益は少ない。時化(しけ)で漁に出られない時や、女

性が家事の間の空き時間を利用して副業的に製造できる利点はあるが、利益を大きくするには、年間100～200羽と処理量の拡大が必要となる。

5．おわりに

　漁業の島である蓋井島に、エミューが導入されて6年になる。わずか8羽で始めたエミュー牧場も100羽を超えるまでとなった。試行錯誤でやってきた孵化や飼育、屠殺や解体作業も慣れてスムーズに行えるようになった。とりわけ、孵化作業の精度も向上し、エミュー数の増加は可能である。

　チャレンジしながら副業的にやってきた仕事が、一つの産業基盤を形成したと言える。このため、エミュー・オイルの宣伝に力を入れ、需要を喚起すればオイルの生産増加につながり専業になる可能性も大きい。また、鶏卵の10倍もあるエミューの卵の販売や、エミュー自体が観光資源としての価値を持ち、今後の展開の余地は十分にあると考える。

　漁業の島にエミューという新たな活性化の要素が加わった。ツーリズムにしても、釣り客だけを対象にするのではなく、エミュー牧場までの道路を少し整備するだけで、ハイキングコースが可能となり自然散策が加わる。また、ツバキ油の製造体験やミカン狩り、さらに漁業との組み合わせなどへの展開も考えられる。

　いずれにせよ、他地域にはほとんどない「エミューという独特の商品」を活かせる道が、この小さな蓋井島にはある。

注：
1) 下関市教育委員会：『蓋井島「山ノ神」神事―山口県下関市』、2002年。
2) 榊敏之：私たちの花嫁対策とその成果、漁港17巻1号、1994年、34-37頁。
3) 山口大学教育学部地理学談話会：離島の若者対策―下関市蓋井島を例として―、エリア山口第25号、1996年、41-50頁。

（平岡昭利）

Ⅶ. Iターン者が急増する南国の島
石垣島(いしがきじま)（沖縄県）

1. はじめに ― 石垣空港に漂う新しい風 ―

　石垣市街の東に位置する石垣空港では、小型ジェット機がかろうじて離着陸可能な短い滑走路に、那覇からのジェット機が急停止・急発進の轟音をたてて頻繁に離着陸を繰り返す。那覇・石垣間の1日の便数は48便、さらに石垣・宮古間は5便、与那国島(よなぐに)へは4便、福岡との間は2便、東京から到着の片道便が2便、大阪・神戸・名古屋からの片道便がそれぞれ1便、合計で64便。おそらくこれが限界の便数なのであろう。

　那覇より空路で約50分、南西に約400km離れた日本最南西端の先島(さきしま)諸島、そのなかの八重山(やえやま)列島のなかに石垣島がある（図7-1）。ほぼ石垣島1島から構成される石垣市は、合併によって2005年に宮古島市が誕

図7-1　石垣島の位置

生するまでは、沖縄県内の本島以外の自治体で最も大きな人口規模を有する自治体であった。人口 4.8 万人(2007 年末)、沖縄本島が基地の島としてどことなくぎこちない緊張感や違和感があるのに対して、石垣島は、南国特有ののどかさと伝統的な景観を数多く残している。

　石垣島の自然や文化にひかれて訪れる観光客は、空路の改善がなされて急激に増加した。1970 年代に年間 10 万人前後、80 年代に年間 20 万人前後であった観光客数は、バブル期以降に急激に増加し、2007 年には年間 78 万人に達した。空港機能は飽和状態に達しようとしているが、近いうちに現空港より北東へ 10 km の地点に、中型ジェット機が就航可能な新空港が完成する予定である[1]。

　観光客のなかには、リピーターとして石垣島を何度も訪問する者がいる。また、そこから石垣島への定住を試みようとする者が現れている。空港の玄関から出てくる人を見ると多様である。マリンリゾートを満喫しようとやってきた日焼けした若者のリピーターグループから、同じようなミドルエイジ、小さな子どもを連れたファミリー、添乗員に引率された物見遊山風の高齢者の団体、大きなスーツケースを自分たちで転がしている少し構えた中高年カップル、軽装備のいかにも航空機を日常生活に利用しているかのような人たち。沖縄本島や本土と繋がる島に唯一の空港は多様な顔を垣間見せる。

2. I ターンの動向と離島

　表 7-1 は、離島の島別人口動向を示したものである。全国の離島の人口が減少傾向にあるなかで、石垣島の人口は、近年、急増している[2]。1975 年に 3.5 万人に一旦落ち込んだ人口は、1995 年には 4.2 万人に、さらに 2007 年には 4.8 万人に増加した。島別の人口増加数でも、もちろんトップの増加数である。沖縄県の離島は相対的に高い出生率に支えられて、人口の落ち込みは他県の離島より少ないといわれている。しかし、

表 7-1　全国離島の島別人口動向（人口増加数上位 15 位まで）

順位	島名	府県名(注)	3年間(2003.4.1〜2006.3.31)の人口動向計							総人口(2006.4)
			人口増減数	出生数	死亡数	うち自然増減数	転入数	転出数	うち社会増減数	
Top	石垣島	沖縄県(Y)	1,660	1,678	909	769	9,441	8,550	891	46,399
2	西表島	沖縄県(Y)	259	78	42	36	1,147	924	223	2,316
3	宮古島	沖縄県(M)	234	1,528	1,174	354	8,490	8,610	−120	48,347
4	小浜島	沖縄県(Y)	103	36	18	18	376	291	85	620
5	竹富島	沖縄県(Y)	33	13	8	5	130	102	28	332
6	新島	東京都(I)	24	70	100	−30	423	369	54	2,559
7	式根島	東京都(I)	21	13	20	−7	81	53	28	595
8	鳩間島	沖縄県(Y)	19	2	0	2	75	58	17	73
9	渡嘉敷島	沖縄県(T)	18	23	19	4	241	227	14	737
10	父島	東京都(O)	16	73	23	50	756	790	−34	1,902
11	粟国島	沖縄県(T)	12	24	46	−22	220	186	34	912
12	阿嘉島	沖縄県(T)	12	4	17	−13	142	117	25	336
13	硫黄島	鹿児島県(N)	10	2	3	−1	66	55	11	124
14	浮島	山口県(S)	9	4	9	−5	32	18	14	272
15	藍島	福岡県(U)	9	0	0	0	9	0	9	326

注) 括弧内は指定地域名。I：伊豆諸島、M：宮古圏域、N：南西諸島、O：小笠原諸島、S：周防大島諸島、T：中南部圏域、U：筑前諸島、Y：八重山圏域
資料：離島統計年報 2005、2006、2007

　石垣島の特徴は、表 7-1 でみられるように高い転入率にある。また人口移動集計のある 2000 年の国勢調査をみると、1996 年から 2000 年にかけて他市町村から転入した人は、当時の人口 4 万 486 人中 5,516 人、そのうち他県から石垣市へ転入した人は 2,750 人で転入者全体の 49.9％ を占めていた。さらにこの調査が行われた 2000 年頃と比べると、その後の石垣島への転入者の増加には、目を見張るものがある。

　石垣島の人口増加は、I ターンによるところが大きいと言われている。I ターンとはどのようなものか。U ターンとはどう異なるのであろうか。統計などを見る限り、他県からの転入者をすべて I ターン者と決めつけることはできない。他県に転出し、再び出身地に戻るいわゆる U ターン者も同じ他県からの転入者の範疇に含まれる。したがって全国的な動向

を客観的に概観できる統計は存在しないが、地元の不動産業者や行政、さらにマスコミ等からの情報と緻密な調査によってIターンの動向をうかがい知ることができる。

　人口移動の激しかった高度経済成長期をピークに前世紀の人々の大きな流れをみると、まず青年期の単身者の村落から都市内部への人口移動、中年期の家族を伴った都市内部から郊外地域への移動というライフコースに沿った流れがあった。そうしたなかで郊外地域は、都市居住者の最終到着地として成長していった。そこには伝統や因習に縛られない理想とする郊外生活・郊外文化があった。

　しかし21世紀を迎えた今日、少子高齢化の進展によって人口減少社会が訪れた。この現象は都市部のみならず村落をも含め、国全体で進んでいる。こうしたなか、これまでみられた村落からスタートする都市内部、さらに郊外地域へという人の流れのパイプが細くなる一方、郊外地域に長く居住していた人々の高齢化が進んだ。近年の郊外地域では、こうした高齢者の生活利便性を求めた都心回帰とともに、これまで就業のために都市圏内居住を強いられていた団塊世代の束縛をとかれる定年退職を契機とした「都市圏からの脱出」(都市圏離れ)、ライフスタイルの変化を求めての近い将来の定年退職を先取りした中年世代の都市圏離れ、さらには近年の雇用形態の激変や、フリーターの増加とも関連する青年層の都市圏離れも増大した。これまで以上に都市圏での生活に疲れた人々が、容易に都市圏を離れることが可能な環境が強まったといえよう。都心回帰という新たな動きとは逆方向の、こうした都市圏離れの動きの現象の1つが、Iターンとして位置づけられる。

　ではIターン者はどこを目指すのであろうか。少数ながら「受け入れてくれるのならばどこでも」という人もいようが、自分たちの移住願望を満たしてくれるような約束された地、理想郷を目指すのである。それは山であったり海であったり、真っ白な雪景色の情緒たっぷりの北国であったり温暖な紺碧のイメージの南国の島であったりする。

3．石垣島の多様なⅠターン生活

(1) 急増するⅠターン者とその多様性

　では、石垣島へのⅠターン者はどのぐらいにのぼるのであろうか。実際、自治体で正確にⅠターン者の統計を取っているところはない。ふつうは転入傾向の特性から予測するしかない。市役所広報公聴課で尋ねたところ、2005年国勢調査時までに、数多くの転入者があることを実感していたが、転入届を出した移住者は、予測をかなり下回ったとのことである。また戸別調査であるため、転入届を出していない人でも居住実態があれば把握可能なはずである国勢調査の際でも、予測以下の結果に終わったとのことである。都会同様に調査困難な世帯が増えたことや、都会にも住まいを持つ2地点居住による長期不在が影響したものと考えられる。**写真7-1**に示した地元紙(八重山毎日新聞)の見出しをみると、「ミニバブル」などの見出しとともに、「幽霊人口5000人？」などという見出しもみられる。

　Ⅰターン者といっても形態は多様である。ウィークリーマンションやマンスリーマンションに入居し、まずは生活に便利な場所で実験的にⅠターンを試みる者、若い人に多いが一時的な衝動で突っ走った者、もともと若いⅠターン者の場合は、遊牧民的性格で1カ所に定着することを好まず、引っ越してきた時から次の移動先を練っている者もいる。定住は考えているものの、できる限

写真7-1　移住者増加とマンションバブルを伝える
　　　　　ローカル紙の見出し

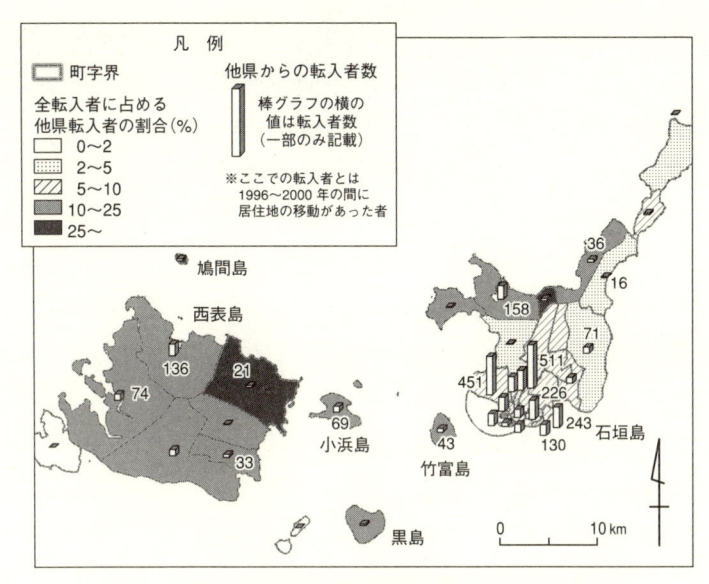

Ⅶ. Ⅰターン者が急増する南国の島 — 石垣島(沖縄県) —

図 7-2　八重山列島周辺における他県からの転入者数と割合
　　　　資料：2000 年国勢調査

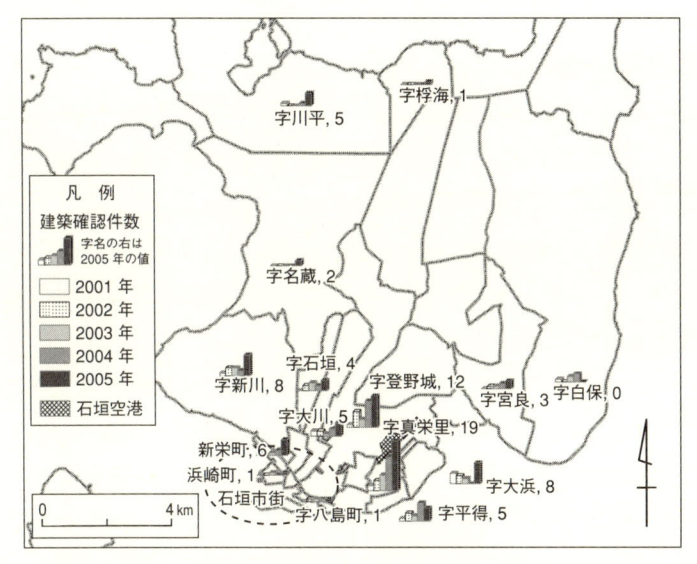

図 7-3　石垣島主要部の民間共同住宅建築確認件数(2001～2005 年)
　　　　資料：沖縄県八重山支庁土木建築課による集計結果

り都会の生活様式を持ち込もうとする中高年、どっぷり村落的な空気に浸ろうと努力する定住志向の者など、その形態は多様である。

その暮らしぶりもまた多様である。通常、離島へのIターンといえば、農業などを主とした、のんびりとした田舎暮らしというイメージが思い浮かぶ。農家出身ではなくとも農業をやりたいがために土地を求め、農学や経営学を勉強し意欲的な農業経営を志している若年・中年のIターン者もいる。さらに観光やレジャーに魅了されて、現地の観光業や観光関連産業に従事したり、趣味を生かしたサービス業に従事する者もいる。

図7-2は、人口移動集計がある2000年の国勢調査より、過去5年間に県外から転入してきた人の数とその間の全転入者に占める県外からの転入者の割合を字別に示したものである。

石垣島の場合、1990年代末以降、空港周辺をはじめ、市街地縁辺部に数多くの共同住宅が建設された。これらのいくつかは、ウィークリーマンション、マンスリーマンションとして賃貸されている。図7-3は、近年の共同住宅建築確認件数を字別に示したものであるが、県外転入者が多い地区と、共同住宅の増加地区が一致していることがわかる。この市街地縁辺部は、大都市圏でいうと郊外地域に該当する地域である。これらの地域はもともと農業振興地域、いわゆる農振地域として農業活動で重要な地域であったが、90年代末以降、農振地域指定解除が進み急激に市街地化した。とくに空港周辺には、さながら勢いのあった頃の大都市圏郊外のように新築賃貸マンションが急増し、スーパーなどのロードサイドショップの立地が進んでいる。そこは離島でありながら、多くのIターン者の前住地であった郊外地域と比べても違和感の少ない場所である。この地域には数多くのIターン者が流入していると推測されるが、Iターンの試行・模索の場、もしくはIターンひやかしの場として機能しているといえよう。

また図7-2より、他県出身者の割合をみると、市街地と反対側の石垣

島北岸の「裏石垣」といわれる臨海部で高率であることがわかる。山と海が接近し、間にある海岸段丘上から美しいサンゴ礁が観賞できる場所が連続する。グラスボートによるサンゴ礁湾内遊覧で有名な川平地区もこの地域にある。観光地化

写真7-2 市街地縁辺に急増する民間共同住宅群
石垣空港近辺の真栄里地区

した川平の集落には、レジャー産業と関連した若年者のIターン者がいるが、地元のマスコミや関係者からの聞き取りによると、近年さらに北東側の各集落でIターン者が増加している模様である。

(2) 石垣島北岸の旧集落への移住

筆者は、2006年2月と9月に石垣島北岸の2つの集落を調査した。1つは吉原地区で世帯のほぼ半数がIターン者であった。石垣市内に41ある公民館地区のなかで唯一、Iターン者(東京都出身)が公民館長を務めている地区である。この地区は、宮古島出身の開拓団が1954年に入植した開拓集落である。かつて石垣島は、島の南部にある旧市街とその一帯の開墾が進んだ平地部を除けば、マラリヤ汚染地域であった。石垣島北岸一帯も同様で、この地域に古くからある川平集落も、マラリヤの影響で思うように開墾が進まなかった。戦後、米国統治下にあった沖縄では、食糧不足と本島の米軍基地化によって、本島以外での農地拡大の必要に迫られた。そうしたなか石垣島北岸ではマラリヤ撲滅運動と島の周回道路(オグデン道路)[3]の建設が進み、1948年から57年にかけて、本島のみならず他の離島からも開拓農民がやって来て、数多くの開拓村が建設されていった。

現在の吉原地区は、カーブした周回道路を中心に碁盤目状に整然と集落と農地が配置されている。サンゴ礁の海が見える緩やかな海岸段丘上

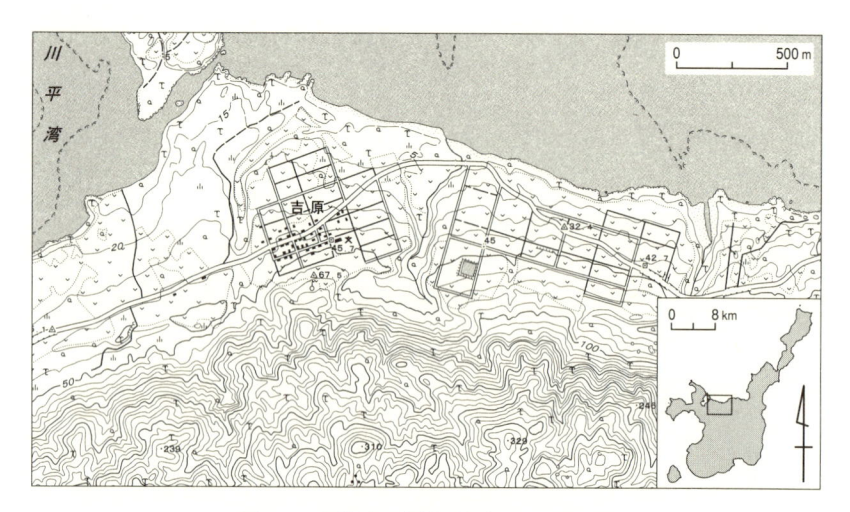

図7-4 石垣島の概観図と吉原・山原地区
山原地区は吉原地区東方を流れる谷筋の東側段丘面(32.4 m の三角点、42.7 m の水準点のある付近一帯)。この地形図(2万5,000分の1「川平」、国土地理院発行、2007年更新、×0.75)には、まだ山原地区の家屋が記されていない。

に集落と農地が立地するが、農地は当初の開拓者の減少と高齢化による離農によって、やや荒れている気配であった(図7-4)。

　東隣の山原(やまばれ)地区は、もともと吉原地区入植者の更なる開拓地で、放牧に利用されたりしていたが、2001年の農振地域指定解除後、急激にIターン者の生活空間へと変貌した。そういう意味では、旧集落とはいえないが、全世帯がIターン者であるので簡単にふれる。調査時、山原地区では、まだ自治会が組織されていなかったが、サンゴ礁の海に向って緩やかに傾斜している海岸段丘上に別荘風の瀟洒な戸建て住宅が30世帯ほど並び、一般住居のほかにもカフェやレストラン、ペンションやミニ資料館などを併設した住居がみられた。地元のマスコミではカフェ通り・ペンション通りとして紹介されていた。周回道路が石垣島観光の幹線ルートであるため、Iターン者が経営する飲食店やペンションなどが立ち並んでいる。

写真7-3　山原地区の景観

（3）吉原地区のIターン者

　筆者が吉原地区で聞き取り調査を行ったのは2006年9月である。過去と現在の住宅地図を比較し、居住者が入れ替わった世帯を丹念に調べた。長期不在のため調査できなかった世帯もあったが、約50世帯中の半数が他県出身者であった[4]。居住者が入れ替わった世帯のなかには、わずかに石垣市街からの転居、教員の人事異動に伴う沖縄本島から転居の世帯もあった。他県からの世帯の出身地の内訳は、東京都と神奈川県が最も多く、それぞれ5世帯、埼玉県が3世帯、大阪府、愛知県、千葉県がそれぞれ2世帯でいずれも大都市圏域からのものである。他に愛媛県、茨城県からが各1世帯、石垣島とは正反対の自然環境である北海道からも1世帯みられた。

　これらIターン世帯の世帯主の年齢は60歳以上が6世帯、50歳代と40歳代がそれぞれ4世帯と中高年が多いが、30歳代（3世帯）、20歳代（1世帯）と若年世帯主も存在した。移住時期では2001年以降が最も多く9世帯、1990年代後半が7世帯で、この間に集中していた。そして世帯主が50歳代の時に移住した世帯が多くを占めていた。

　世帯主の現在の仕事は、無職が3、農業が2、ホテル勤務が4、ダイビング・インストラクターの自営業が2、建設関係・ネットビジネスなどその他の自営業が2、運輸関係会社員が1、その他が3（未回答、求職中を

写真7-4　吉原地区の景観
伝統的な家屋と、郊外住宅風の家屋が混じりあう

含む)であった。また20歳代および30歳代ではホテルなどのサービス業やダイビング・インストラクターなどの自営業が多く、無職と農業は中高年でみられた。前住地での仕事は、公務従事者、民間企業従業者、自営商業者などの都市的産業がほとんどで専門技術職に従事していたIターン者で、ネット活用で前住地と同種の就業をしているケース以外は来島後の多様な転職がみられた。

　転居の理由ならびに石垣島を選んだ理由については、複数回答で尋ねたところ様々な回答がみられた。なかでも多くに共通するのは、海への近接と温暖な気候条件という自然環境、また島・沖縄というキーワードが当てはまる「ゆったりとした時間」への憧れなどである。海への近接という点では、これを理由としてあげたIターン者のほとんどが、ダイビングやシュノーケリングのようなマリンスポーツに親しんでいた。そのほか初めて観光で石垣島を訪問したときに、人との出会いに恵まれたことを条件としてあげるケースもあった。また、別荘としての利用のなかで花粉症対策を理由の1つにあげるケースもあった。さらに先に石垣島に移住していた子の誘いで、Iターンをおこなった高齢者のケースが2件みられた。1件は子と同居、もう1件は隣接地所への転居であった。また、他の移住先候補地があったかという質問に対しては、約半数があったと答え、たとえば宮古島のような沖縄県の他の離島、沖縄本島、屋久島、山村に加えて東南アジアなどの海外の候補地があがった。

(4) 旧集落への移住を促した要因

　吉原地区のIターン世帯の多くは、定住の意志が強い持家取得世帯で

ある。聞き取りでは、ほとんどの世帯が「強く永住を希望」か、「できれば永住を」と考えている。住居の取得方法を尋ねたところ、8件が旅行時や石垣市街でのIターン試行時に知り合った現地の人からの紹介で、残りの8件が自ら不動産業者を通してのものであった。また不動産業者を通して住居を取得した世帯は、現地の不動産業者へ直接出向くよりは、最初に新聞広告、雑誌、ネットなどの情報を頼りにしていた。

　移住の理由はさまざまであるが、旧集落である吉原地区における移住を促す要因を、プッシュ(押し出される要因)とプル(引き寄せられる要因)の両方から眺めると次のようになる。都市からプッシュされる要因としては離職・転職、都市生活の疲れや家族の誘いがある。着地側のプルの要因としては、離島・温暖な気候への憧れ、海が見える景観、マリンレジャーへの近接、大都市圏の郊外地域居住者であった人々にとっては、不便を感じない市街地の商業施設や文化施設への適度なアクセス、入手可能な不動産の存在をあげることができる。

　また、集落側から移住を容易にした要因をみると、集落内の若年者(開拓二世)の流出による一世のみの世帯の増加と高齢化、さらに空き家の出現、農業中心の集落といえども戦後の開拓集落で、伝統への束縛が希薄であることがあげられる。初期の開拓者とその家族の現状をみると、二世世代の多くは石垣市街や那覇、本土へ転出している。集落に残った一世の高齢化が、石垣島で最初のIターン公民館長を誕生させたといえよう。

　また吉原地区をはじめ石垣島北岸に点在する開拓集落では、地域の伝統的な行事が少なく、集落単位の行事は、5月の運動会、6月の入植記念祭、9月の敬老会ぐらいである。3月頃には、先住者の出身地である宮古島から引継がれた宗教的な行事、「浜下り(はまおり)」があるが、基本的には集落単位というよりも家族単位の行事として行われている。こうした点もIターン者からみれば、移住しやすい要因であったのであろう。

4．おわりに―地域社会を再生する力となる I ターン者―

　2007年9月に補足調査で島を訪問したが、この時、地元マスコミを通じて石垣島の景観が話題になっているのを知った。2004年の国の景観法制定後、多くの自治体で景観保護に関する条例の策定が行われるようになった。石垣市でもそうした取り組みがようやく始まったところであった。とくに観光客や長期滞在者が急増する石垣島では、サンゴ礁に囲まれた海岸沿いの大規模な開発規制が急がれ、「風景づくり条例(2007年6月施行)」を策定し、サンゴ礁海岸から100m以内では、原則として高さ7m以上の建築物を規制することとなった。

　この流れに平行して、条例に先行して計画されていた吉原と山原両集落間にある海岸から40m地点における7階建てマンション建設計画に対する反対運動が巻き起こっていた[5]。その運動の中心となるのが、海に向かって緩やかに傾斜した海岸段丘上に、住民のコンセンサスで全住居から海が見えるまち並みを作っている山原地区の住民や、吉原地区のIターン者である。

　筆者は、1960年代の大阪郊外で育った。そこでは農村的な風景や生活様式が、みるみる都市的なものに入れ替わった。暮らしや考え方の違いによる先住者と新来者間の軋轢もみられた。しかしそれはやがて落ち着くところに終息していった。大量にIターン者が流入している石垣島の旧集落では、まさに当時の大都市圏郊外地域を思い起こさせるような住民のパワーがみなぎっている。そしてそのパワーの源は、都市圏からやってきたIターン者である。

　これまで様々な離島地域や山村地域の事例で紹介され、脚光を浴びてきたIターン生活とは、極めて少数のIターン者が農山村地域に入り、地元の人々の暮らしに溶け込んで生活するというスタイルであった。たしかにそうした暮らしを求める移住者もいようが、それは都市圏を脱出

しようとしている人々のごく一部である。

　Iターン者が増加し、多様なタイプのIターン者が居住する石垣島。同じ手法で人口維持や増加を期待するならば、Iターン者に伝統や慣習を強いるのではなく、互いの文化や生活様式を融合させた新たな地域社会形成に取り組む必要があろう。また、旧集落に移住したIターン者の多くが、地域の歴史や文化に深い理解があり愛着をもっている。すべての離島で「これでよし」と断言するには自信はないが、各地の地域おこしで「よそ者」の発想や視点が求められるように、人口減少に悩む同じような離島においても変化を拒むのではなく、新来者がもたらす新しい風を受け入れる必要があるのではないかと考える。

注：

1) 現在の石垣空港は、1,500 m の短い滑走路をもつ暫定ジェット化空港である。かつての白保地区のサンゴ礁海岸を埋め立てての新空港建設計画は、自然環境保護と観光化の相克から全国的に大きな話題となったが、1989年、新空港建設を内陸のカラ岳東側に変更することによって、現在その建設計画が進んでいる。
2) 石垣市は八重山諸島と尖閣諸島の複数の島から構成されるが、可住地域は石垣島1島なので、ここでいう石垣島の人口は、すなわち石垣市の人口のことである。
3) 当時の沖縄を占領していた米軍民政副長官オグデン少将の名前が由来。日本では数少ない人名由来の道路名である。
4) 石垣島北岸各地に立地するこうした開拓集落の一部は、近年、開拓50周年の記念誌を発行している。吉原地区もそのひとつである。記念誌のスタイルは集落ごとに異なるが、多くの記念誌には、集落の世帯の出身地や移住年に関する情報が記載されていた。これらの資料より、石垣島北岸の各地の集落に首都圏や京阪神圏出身者がいることがわかった。なかでも今回調査地として取り上げた吉原地区は、半数をそうしたIターン世帯で占めていた。
5) 吉原マンション景観訴訟をすすめる会 web ページを参照 http://ishigaki-keikan.net/

(石川雄一)

● 編者・執筆者紹介（＊は編者）

* 平岡 昭利 (Hiraoka Akitoshi)　下関市立大学経済学部 教授
　助重 雄久 (Sukeshige Takehisa)　富山国際大学現代社会学部 准教授
　松井 圭介 (Matsui Keisuke)　筑波大学生命環境科学研究科 准教授
　山田 浩久 (Yamada Hirohisa)　山形大学人文学部 准教授
　中村 周作 (Nakamura Shusaku)　宮崎大学教育文化学部 教授
　宮内 久光 (Miyauchi Hisamitsu)　琉球大学法文学部 教授
　石川 雄一 (Ishikawa Yuichi)　長崎県立大学経済学部 教授

英文タイトル
The Winds of Change in the Remote Islands in Japan

離島に吹くあたらしい風
（りとうにふくあたらしいかぜ）

発行日	2009年9月10日 初版第1刷
定　価	カバーに表示してあります
編　者	平岡 昭利 ©
発行者	宮内 久

海青社　Kaiseisha Press
〒520-0112　大津市日吉台2丁目16-4
Tel. (077)577-2677　Fax. (077)577-2688
http://www.kaiseisha-press.ne.jp
郵便振替　01090-1-17991

● Copyright © 2009　A. Hiraoka　● ISBN978-4-86099-240-8 C0025
● 乱丁落丁はお取り替えいたします　● Printed in JAPAN